PHILIPPE-JOSEPH SALAZAR

DIE SPRACHE DES TERRORS

Warum wir die Propaganda des IS verstehen müssen, um ihn bekämpfen zu können

Aus dem Französischen von Christiane Seiler

Pantheon

Die Originalausgabe erschien 2015 unter dem Titel
Paroles Armées. Comprendre et combattre la propagande terroriste
bei Lemieux Éditeur, Paris. Die deutsche Ausgabe beruht auf der
2., aktualisierten und erweiterten Auflage.

Verlagsgruppe Random House FSC® N001967

Erste Auflage
August 2016

Umschlaggestaltung: Büro Jorge Schmidt, München
Satz: Ditta Ahmadi, Berlin
Druck und Bindung: CPI books GmbH, Leck
Printed in Germany
ISBN 978-3-570-55343-5

www.pantheon-verlag.de

Für Erik Doxtader; er hat mich darauf aufmerksam gemacht, dass ISIS eine Verdopplung des englischen Verbs für »sein« in der dritten Person Singular ist *(is, is)*.

INHALT

DIE RHETORISCHE MACHT DES KALIFATS

Cedant arma togae. In dieser Redewendung wird pazifistisches Wunschdenken gerne auf den Punkt gebracht: Die Waffen mögen dem Wort weichen. Aber das ist eine Illusion. Waffen lieben Worte. Und aus den Worten werden neue Waffen. Während die Öffentlichkeit der westlichen Welt in der Regel ignoriert, wenn in den vom Kalifat kontrollierten Wilayat tagtäglich Terroranschläge gegen Menschen verübt werden, musste sie nach den Blutbädern der vergangenen Monate (Enthauptungen von Journalisten, humanitären Helfern und unvorsichtigen Reisenden vor laufender Kamera, Verfolgung von Minderheiten, die sich weigerten, zum Islam zu konvertieren, sowie zahlreichen erfolgreichen oder vereitelten Attentaten in Europa) und nach der Zerstörung antiker Stätten doch zur Kenntnis nehmen, dass sowohl die Aktionen der Soldaten des Kalifats im Kampfgebiet als auch die Blutbäder, die seine Anhänger in unseren Ländern anrichten, von Worten begleitet werden.[1] Nach der blutigen Strafaktion gegen die Zeitschrift *Charlie Hebdo* feuerte das Kalifat eine zweite Salve ab, diesmal mit Worten; vor dem Hintergrund des Eiffelturms rief es seine Anhänger zu neuen Angriffen auf, auf dem »verfluchten« Boden dieser Nation:

> Für alles gibt es eine Zeit, eine Zeit zu leben und eine Zeit zu sterben, eine Zeit zu weinen und eine Zeit zu lachen, eine Zeit zu lieben und eine Zeit zu hassen. Jetzt ist die Zeit zum Handeln gekommen, die Zeit, der Religion beizustehen: mit der Sprache, dem Herzen, den Gliedern, der Feder und dem Säbel.[2]

Tatsächlich Feder und Säbel. Diese Beschimpfungen und Attacken haben uns überrascht. Und dann kam der 13. November 2015.

Dabei hat Frankreich praktisch seit seiner Gründungszeit eine Nähe zum Islam. Das *Rolandslied*, unser erstes Literaturdenkmal und das erste europäische Versepos überhaupt, erzählt, wie sich der Recke an Mariä Himmelfahrt, dem 15. August 778, opferte, um die vorrückenden Sarazenen aufzuhalten. Wir Franzosen haben von allen Ländern Europas wahrscheinlich die umfangreichste Literatur über Mohammed hervorgebracht:[3] Der Benediktinermönch Pierre le Vénérable, im 12. Jahrhundert Abt von Cluny im Burgund, fertigte die erste Übersetzung des Korans in eine europäische Sprache an. Und dennoch erstaunt uns der muslimische Diskurs immer wieder aufs Neue, vergessen wir von Jahrhundert zu Jahrhundert die vielen Lehren aus dieser lang andauernden und schwierigen Beziehung.

Was uns besonders verwirrt, ist das »rhetorische Material« des Islam; und gerade über diesen Umweg wollen wir uns der Frage nähern, die dieses Buch aufwirft: Wie lassen sich die Wortgewalt und die Überzeugungskraft des Dschihadismus und vor allem des Kalifats nachvollziehen?

»Allahu akbar«

Zunächst sollten wir uns klarmachen, wie wichtig, rhetorisch gesehen, das muslimische Glaubensbekenntnis, die *Schahada*[4], ist. Es ist beispielhaft (für die Gläubigen) und besonders (in der Beziehung zu anderen Glaubensrichtungen) zugleich: Der Islam ist eine Religion, zu der man gehört, sobald man eine kurze Formel ausspricht (oder direkt nach der Geburt hört): »Ich bezeuge: Es gibt keinen anderen Gott als Allah, und ich bezeuge, dass Muhammad der Gesandte Allahs ist.« Der Beitritt zum Christentum erfordert hingegen eine Vorbereitung, das Studium des

Katechismus, ein Gespräch mit dem Priester, die Taufe, kurzum, eine ganze Reihe freiwilliger Handlungen, die auch überprüft werden. Der Beitritt zum Islam besteht nur in diesem einen kraftvollen, schnellen Sprechakt.[5] Wörtlich bedeutet das Wort »Koran« Rezitation: Die mündliche, laut vorgetragene Rede liegt in der Natur des muslimischen rhetorischen Modells.

Dieses schlichte muslimische Glaubensbekenntnis (das mit einer rituellen Waschung einhergeht) strukturiert alle Wortäußerungen des IS und des Dschihadismus.[6] Seine Schlichtheit bildet die Basis jeder Handlung, denn sie zeugt von der Einzigartigkeit des muslimischen Gottes und von der Wahrhaftigkeit des prophetischen Wortes, das im Koran niedergeschrieben wurde. Bei Anschlägen der Stadtguerilla oder bei Kampfhandlungen konzentriert und bündelt sich die Schlichtheit in dem einen Ausruf »Gott ist groß«. Sie wird verstärkt und erläutert in den feierlichen Reden, die die Milizionäre des Kalifats während der Enthauptungen und anderen Hinrichtungen halten. Die Kürze des Glaubensbekenntnisses, zusammengefasst in dem einen gläubigen Aufschrei, und der Wortreichtum der Reden, die das Glaubensbekenntnis mit Argumenten untermauern, gehören also zusammen.

Wer sich die selbstverständliche Schlagkraft dieses *Allahu akbar* vergegenwärtigen will, der sehe sich Videos an, die Enthauptungen, Steinigungen, Fensterstürze und Kreuzigungen zeigen, begleitet allein von diesen beiden Wörtern; in Städten unter der Herrschaft des Kalifats werden solche Strafen gewöhnlich vor den Augen einer Menschenmenge vollstreckt, die beispielsweise gerade ihre Einkäufe erledigt oder im Stau steht.

Solche Tötungen sind tatsächlich erlaubt, ja sie gelten als Rechtshandlungen: Sie sind zugleich Beweis und Veranschaulichung dafür, dass das Glaubensbekenntnis bei der Hinrichtung des Opfers seine Wirkung entfaltet, genauso wie ein Selbstmordattentäter seinen Anschlag als Akt des Glaubens verübt. Sehr aufschlussreich für die Verwirrung, in der wir uns befinden, wenn wir solche Taten in Worte fassen sollen, ist die Tatsache, dass die Medien in diesem Zusammenhang fahrlässig das Wort »Märtyrer« gebrauchen: Ein islamischer Märtyrer stirbt, während er eine Gewalttat begeht, ein christlicher Märtyrer gebraucht keine Gewalt, er ist ein Gewaltopfer.

Man braucht sich nur in Internetforen und Blogs umzuschauen: Wer sich über das vermeintlich zwanghafte *Allahu akbar* der Soldaten und Partisanen lustig macht und den Ausruf als kehligen Ausdruck der Dummheit und des politischen Analphabetismus anprangert oder als Schrei von Wilden – knapp, monoton, mechanisch und bedeutungslos –, alle diese Leute begreifen nicht, dass die Formel gerade deshalb sich selbst genügt, weil sie das kurze, ursprüngliche Glaubensbekenntnis noch einmal bekräftigt, das den Dschihad im Zentrum der Welt verankert. In dem Kampf, den wir gegen die islamistische oder islamische Radikalisierung führen sollen, werden uns so lange die Waffen der Worte fehlen, wie wir eines nicht begriffen haben: Die Werte der Französischen Revolution haben nicht mehr die gleiche verkündende und kategorische Wirkung wie die muslimischen Glaubensformeln.[7]

Außer man besönne sich wieder auf die rhetorischen Quellen der bewaffneten Republik; aber wer wäre heute noch bereit, derartige Sätze überzeugend auszusprechen oder gar in die Tat umzusetzen: Saint-Justs »Keine Freiheit für die Feinde der Freiheit«, Robespierres »Wer den Himmel anruft, will die Erde an sich reißen« oder Marats »Die Freiheit muss mit Gewalt errungen werden«. Heute will das niemand mehr. Nur noch das Kalifat.

Fest steht aber, dass man ein rhetorisches Modell nur dann bekämpfen kann, wenn man versteht, wie dieses gegnerische Modell funktioniert – falls man es denn bei den Waffen der Worte bewenden lassen will.

Die Macht der rednerischen Arabeske

Zweitens verbündet sich die durchschlagende Macht des kurzen Glaubensbekenntnisses mit der kultivierten Macht des politischen und militanten Schwulsts, dem man nicht nur in den Reden während der Hinrichtungen begegnet, sondern auch in den Zeitschriften und Videos, die um Gefolgschaft für das Kalifat werben.[8]

Die arabisch-islamische Redekunst unterscheidet sich von vielen anderen Redekulturen (indoeuropäisch, chinesisch-japanisch, indianisch, buddhistisch etc.) durch ihren blumigen Stil, ähnlich den Arabesken der Mosaike; dieser Stil fließt über von Allegorien, Verzierungen, weitschweifigen Formulierungen, Wiederholungen und Umschreibungen. Kurz, er schöpft aus einer Fülle von Redefiguren, der für unsere Ohren ins Übertriebene abgleitet.

Der Koran behauptet von sich selbst, er sei in »offenkundiger arabischer Zunge« (Sure XXVI, 195)[9], also in leicht verständlichem Arabisch diktiert worden; nichtsdestoweniger ist die arabisch-islamische Rhetorik von moralischen Allegorien geprägt – angefangen bei den Titeln der Suren im Gründungstext des Islam (*Die Biene, Die Spinne*); der Stil des Korans durchdringt die ganze sprachliche Welt, die von ihm abhängt.

Khomeini hat in seiner wortmächtigen Ansprache »Abschiedsrede und Testament« (1983)[10] von der großen Bedeutung der Rede in der islamischen Kultur Zeugnis abgelegt: Zum »größten Buch nach dem Koran« erklärt er die Sammlung militärischer Ansprachen und mahnender Predigten Alis, des Begründers der Schia. Damit stellt er einen Band, in dem Beispiele menschlicher Redekunst versammelt sind, neben die heilige Schrift[11], die menschliche Kunst der Überredung neben das göttliche Wort; dahinter steht folgende Überlegung: Zweck der menschlichen Überredungskunst ist es, die göttliche Weisung zu konkretisieren. Die menschliche Überredungskunst macht das, was sonst Literatur oder Mystik bliebe, erst anwendbar.

Übertragen in die heutige Sprache klingt die arabisch-islamische Redekunst für unsere Ohren pompös und leicht veraltet:

> Das Blut der Märtyrer, die Tränen der Frommen und die Tinte der Weisen sind nicht umsonst geflossen; eine kleine Gruppe von Gläubigen hat das Kalifat erneuert, und trotz Prüfungen, widrigen Winden und Verrat haben sie die Fahne hochgehalten.[12]

Ohne seinen kulturellen Kontext klingt dieser poetische Stil falsch. Aber er ist wahrheitsgetreu: Durch ihn lässt sich die Wahrheit sagen. Tatsächlich widmet sich ein wichtiger Traktat zur Rhetorik der islamischen Kultur in drei Vierteln seiner Einleitung solchen Stilfiguren wie Rätsel und Anspielung; sie dienen der Verfeinerung der Argumentation, sie verleihen ihr etwas Bestechendes und Systematisches zugleich.[13]

Die islamische Redekunst ist ausschmückend, aber diese Ausschmückung hat Methode und ein kognitives Ziel; ebenso verhält es sich mit der Arabeske, die dekorativ ist (durch gekonnte Zeichnung der geschwungenen Linien) und zugleich didaktisch (wenn sie ein Zitat aus dem Koran enthält). Die Arabeske dient dazu, logische Geschütze in Stellung zu bringen, der bildreiche Stil verbirgt unter seinen Blüten die Waffen der Dialektik. Das Ornament ist lehrreich.

In der islamischen Welt ist Philosophie also insofern didaktisch, als sie bereits sehr früh Rhetorik und Poetik in die aristotelische Logik integriert hat; sie hat sich einige Texte dieser Logik angeeignet und so angepasst, dass sie mit dem Koran vereinbar waren.[14]

Deshalb wurden die Rhetorik mit ihren Argumenten, gegründet auf Meinungen, die das Zusammenleben regeln (kurz, die Sphäre des Politischen), sowie die Poetik, die durch ihren anschaulichen Stil Überredungskraft besitzt (kurz, die Kultur), in das logische System wissenschaftlicher und rationaler Beweisführungen integriert.[15]

Anders gesagt, ein starkes Bild, eine mehrfache Wiederholung, ein lyrischer Gedankenflug gelten als logischer Beweis – und setzen sich dadurch radikal ab von der griechischen Rationalität, deren Erben wir sind: Sie helfen bei der Interpretation nicht nur der heiligen Schriften[16] sondern auch der Bestimmungen für das tägliche Leben. Das christliche Europa hingegen widerstand dem Wunsch, Dichtkunst und Rhetorik mit logischer Beweisführung zu verbinden: Das ist eine der Quellen, aus denen der europäische Rationalismus und der Fortschritt der Wissenschaften resultieren.

Theologisch ist dieses logisch-rhetorisch-poetische Kontinuum im Islam darauf zurückzuführen, dass im Koran die Poesie so überaus präsent ist – der Koran ist ja, wie wir uns erinnern, ein Buch, das ein Engel Gottes diktiert hat, und gleichzeitig ein Rechtsbuch. Es bedurfte also einer Rechtfertigung, dass Gott rhetorisch und poetisch zugleich sprach. Hätte man Rhetorik und Poetik aus dem Zusammenleben und der gesprochenen Sprache der Muslime verbannt, hätte man damit auch den Stil des Korans abgelehnt und eine Häresie begangen. Es war also unabdingbar, Rhetorik und Poetik im Inneren der logischen Denkschemata anzusiedeln.

Was uns, unter anderem in den Reden während der Hinrichtungen, blumig, übertrieben, poetisch und schwülstig erscheint, ist dies nach Ansicht jener, die sich dieser Sprache bedienen, keinesfalls; und sicher noch weniger für all die, die zum Dschihad und der Unterwerfung unter das Kalifat aufrufen.

Gegen diesen Stil sind wir machtlos: Unsere politische Sprache ist vergleichsweise steril, rhetorisch banal und ohne jede Poesie.

In den Reden des Kalifats ist demnach eine Logik am Werk, die nichts mit dem zu tun hat, was wir in der Politik für logisch, vernünftig und überzeugend halten. Eine Logik ganz anderer Art, eine Logik, die uns folglich pervers oder verrückt erscheinen muss. Aber jenseits des Glaubensbekenntnisses und seiner poetischen Beschwörungskraft besitzt diese Logik dialektische Strenge – die Strenge der Beweisführung mit Analogien.

Die logische Waffe der Analogie

Unser politischer Diskurs kommt gewöhnlich ohne Analogien aus: Sie dienen der Veranschaulichung, nicht der Argumentation. Die rhetorische Welt des Islam hat davon eine radikal andere Auffassung.

Die Macht der Analogie

In der Rechtstradition des Islam gehört die Analogie zu den Grundlagen der juristischen Beweisführung.

Beispiele aus dem Koran und den Hadithen (Erzählungen der Erlebnisse und Taten Mohammeds, auch Überlieferung genannt),[17] die sehr bilderreich sein können, weil sie von Tatsachen und konkreten Taten erzählen, werden für die Lösung einer praktischen Frage herangezogen: Ein Beispiel aus der Überlieferung und die gestellte Frage werden durch die Analyse einer Analogie in Bezug zueinander gebracht. Aus dieser Analyse ergibt sich eine Lösung, die sich in einem Rechtsgutachten, der *fatwa*, niederschlägt.

Denkbar ist zum Beispiel folgende Szene: Ein Händler bemerkt, dass seine Geschäftspartner ihn betrügen und er dem Konkurs nahe ist. Er muss also entscheiden, von wem er sich trennen will, das heißt, er muss zunächst herausfinden, wie viel Verantwortung jeder Einzelne trägt. In einem solchen Fall von Korruption kann man eine Hadithe hinzuziehen, nämlich die

Mohammed zugeschriebene Geschichte von der Maus, die in die Butter gefallen ist. Frage: Ist dann die ganze Butter verschmutzt? Mohammed antwortet: »Werft die Maus weg mit allem, was sie umgibt, und esst die Butter.«[18] Konsultiert der Händler einen Religionsgelehrten, um zu erfahren, welchen der Verantwortlichen er beschuldigen soll, kann ihm der Gelehrte durch einen Analogieschluss mit der kurzen Geschichte folgenden Rat geben: Es genüge, diejenigen zu bestrafen, die tatsächlich den Konkurs verursacht haben, weil der Verschmutzungsgrad einer Flüssigkeit von ihrer Festigkeit abhänge (also von der Nähe zur Ursache der Verschmutzung).

Das ist nur ein Beispiel, aber die kleine Geschichte und die Analogie sind kanonisch – es handelt sich dabei um die Bestimmung dessen, was in Bezug auf ein Verbrauchsgut (wie die Butter), dessen Menge schwer zu berechnen ist, verboten ist.[19] Durch diese Bildhaftigkeit der Erzählung funktioniert die Logik der Analogie und entfaltet ihre politische und öffentliche Macht.[20]

Auch die dschihadistische Politik gebraucht in ihrer Propaganda Analogien, bedient sich also aus einem rhetorischen Umfeld, das uns befremdlich oder irrational vorkommt (um zu sehen, wie der durchschnittliche Westler auf das Phänomen reagiert, braucht man nur die einschlägigen Blogs im Internet zu lesen); diese Rhetorik bildet aber eine machtvolle und allumfassende politische Form, die Dinge zu interpretieren:

Der Sinn von Interpretation ist: Das Herausholen der Bedeutung der Äußerung aus der eigentlichen Bedeutung in die übertragene Bedeutung – ohne dass dabei gegen den Gebrauch der arabischen Sprache bei der übertragenen Rede verstoßen wird – so wie bei der Benennung eines Dings durch etwas, das ihm ähnlich ist, oder das seine Ursache ist, oder das seine Folge ist ...[21]

Diese Art der Interpretation heißt *ijtihad*[22]. So fügt sich alles zusammen: Sich dem Kalifat anzuschließen ist eine Form, die Welt zu interpretieren.

Die Analogie bestimmt, was erlaubt ist

Durch eine Argumentation mit Hilfe von Analogien lässt sich also entscheiden, was in der Politik erlaubt oder verboten ist,[23] zum Beispiel, ob eine Enthauptung rechtmäßig ist bzw., genauer gesagt, erlaubt oder verboten. Erlaubtes und Verbotenes werden also nicht durch die Anwendung einer Rechtsnorm und eine kontroverse Debatte über die Tatsachen bestimmt (wie es unserer römischen Tradition entspricht), sondern durch eine Gegenüberstellung von Überlieferungen mittels Analogiebildung mit dem Ziel, zu einer Interpretation zu gelangen:

> Wer ungläubig genannt wird, dessen Besitz ist den Muslimen erlaubt und sein Blut darf vergossen werden; sein Blut ist Hundeblut, wer es vergießt, begeht keine Sünde, er muss keinen Blutzoll bezahlen.[24]

Das kann erstaunliche politische Konsequenzen haben, wie etwa jener Kuss, den ein Henker seinem Opfer gab, einer Frau, die der Sodomie beschuldigt war, bevor er sie von einem Wohnhaus hinunterstieß und sie sterbend von der anwesenden Menge gesteinigt wurde:[25] Westlichen Medien zufolge ein »perverser« Akt, und dennoch ein zulässiger Akt, weil die Strafe zwar nicht das Verbrechen ungeschehen macht, aber den Gesetzesbrecher in den Rahmen des Gesetzes und der Gemeinschaft zurückstellt:

> Wenn deine Sünden auch die Wolken des Himmels erreichten, du Mich dann aber um Vergebung bittest, dann vergebe Ich dir.[26]

Kalifat und wörtliche Lektüre des Korans

Die Medien, einige westliche Politiker oder nichtreligiöse Muslime verbreiten sich gerne darüber, dass die Dschihadisten den Koran und die Schriften der Überlieferung »wörtlich lesen«. Sie führen das Argument an, es gebe eine gute und eine schlechte Lesart des Textes, lassen aber die Hauptsache außer Acht, nämlich die Analogie.[27] Texte (seien es Zitate aus dem Koran oder aus der Überlieferung) müssen aber wörtlich genommen werden, damit sie als Analogie gelesen werden können, denn die Beweisführung mit Analogien geht immer von einem wörtlichen Faktum aus (etwa die Maus in der Butterschüssel).

Wer die »wörtliche Lesart« der Dschihadisten ablehnt und das Konzept eines humanistischen Korans[28] vertritt, müsste uns eine eigene auf Analogien beruhende Interpretation der Suren oder Hadithen vorlegen; er müsste uns auch erklären, wie die Soldaten des Kalifats angesichts dieser Texte ihre eigene Interpretation rechtfertigen, aufgrund derer sie enthaupten, verbrennen, steinigen, kreuzigen und Krieg gegen die ganze Welt führen, und inwiefern sie sich zum Beispiel von der Interpretation unterscheidet, mit der in Saudi-Arabien – immerhin ein verbündetes Land – Auspeitschungen, Verstümmelungen, Steinigungen und Enthauptungen gerechtfertigt werden.

Wir haben es hier mit einer Kultur der analogischen Beweisführung zu tun, die uns fremd ist und die wir folglich auf einen Gegensatz reduzieren, der uns vertraut ist: wörtliche (also falsche) Interpretation und diskussionsoffene (also richtige) Interpretation. Sie versperrt uns den Blick für die Macht der Analogie, die in der Propaganda des Kalifats am Werk ist.

Die Macht der Analogie ergibt sich aus der bildlichen (phantasieanregenden), konkreten (problemgebundenen) und logischen (nicht abstrakten) Beziehung, die sie zwischen zwei Tatsachen herstellt, deren eine aus einer bekannten und verehrten Überlieferung und deren andere aus einer konkreten

Situation stammt. Die Analogie erklärt, warum eine Menschen-menge bei einer Kreuzigung zuschaut. Diese Menge ist weder passiv noch grausam: Sie anerkennt, dass die Hinrichtungsart das Ergebnis eines auf Analogie gegründeten Urteils ist. Ähn-lich wie wir anerkennen, dass ein Gerichtsurteil sich aus der Abwägung von Beweisen ergibt.

Das wären also die ersten Begriffe jener bewaffneten Worte, mit denen das Kalifat seine Rhetorik der Eroberung struktu-riert.

Die europäische Leidenschaft für Rede und Gegenrede und die Kunst des Streitgesprächs, für einen Dialog zwischen Partnern und generell dafür, den Selbstausdruck an die erste Stelle zu setzen, stößt sich jedoch an dieser ganz anderen Art, die Waffen des Wortes zu führen.

Ob nun eine Militäroffensive auf dem Territorium des Ka-lifats Erfolg haben wird oder nicht, wir müssen die rhetorischen Begriffe dieses Einsatzes überdenken und einsehen, dass die Auseinandersetzung mit einem Krieg der Rhetorik beginnt. Un-ser Gegner verfügt vom Befehl bis zur Analogie über ein ein-heitliches Arsenal, bedient sich einer schlagenden Redekunst und untermauert das alles mit der mächtigen Logik einer juris-tischen Interpretation. Sollte es zu Verhandlungen kommen, wird man sich eingestehen müssen, dass es nicht reicht, einfach nur Diplomaten zu entsenden, die Arabisch sprechen. Man wird islamisch denken, sprechen und argumentieren und sich rhetorisch auf Augenhöhe mit dem Gegner begeben müssen.

KAPITEL I

DER KALIF SPRICHT

Welch großer kultureller raum-zeitlicher Abstand uns vom Dschihadismus des Kalifats trennt, kam im Sommer 2014 ans Licht, als Europa alle Aufmerksamkeit den großen Sportereignissen widmete – Cricket in Lord's, Tennis in Wimbledon, Fußball in Brasilien und die Tour de France. Genau zu dieser Zeit gründete sich das Kalifat.

In der großen Moschee von Mossul, vergleichbar der Kapelle von Aachen, wo im Mittelalter die Heiligen Römischen Kaiser gekrönt wurden, trat al-Baghdadi[1] auf, stimmte eine Lobrede auf die Neugründung des Kalifats an und wurde zum Kalifen Ibrahim. Fern der Sportstadien vollzog sich eine muslimische Krönungszeremonie, sie hob den hergebrachten Dschihadismus aus den Angeln und stieß die Türen zu einem neuen Krieg weit auf.

Während im Mai 2015 *Mad Max* (eine von den aktuellen Ereignissen überholte Fiktion) beim Filmfestival von Cannes bejubelt wurde, hielt der Kalif Ibrahim seine zweite Rede *urbi et orbi* und rief zur Hidschra auf, zur Emigration aller guten Muslime in den »schützenden Schatten des Kalifats«[2].

Nach al-Baghdadis erstem Auftritt machten sich die Medien von *Le Monde* bis zum *Wall Street Journal* über die von ihm verkündete Wiederherstellung des Kalifats lustig; es sei eine »Maskerade«, eine »Inszenierung«[3]. Seitdem ist man kleinlaut geworden. Als Antwort auf Predigt und Krönung hatten wir nur die infantilste aller Rhetoriken zu bieten – den Sarkasmus.

Was geschah also an jenem 4. Juli 2014 in Mossul, nicht zufällig am amerikanischen Nationalfeiertag[4]?

Eine Strategie der symbolischen Aktion

Eine rhetorische Situation erschließt sich nicht ohne Weiteres. Will man ihre Triebfedern zu fassen bekommen, muss man sie in ihre Einzelteile zerlegen.

Der Auftritt des Kalifen

Gläubige jeglichen Alters und aller sozialen Schichten stehen in Reihen gegenüber der nach Mekka ausgerichteten Wand mit dem Mihrab. Schwarz gekleidet wie ein Benediktinermönch oder ein griechischer Pope steigt der Mann, der das Amt des Kalifen übernimmt, gemessenen Schrittes die Stufen zur Kanzel hinauf. Er setzt sich, das Gesicht den Gläubigen zugekehrt. Eine Wanduhr zeigt zwanzig Minuten nach zwölf. Um zwanzig vor eins wird seine erstaunliche Verkündung bereits beendet sein. Das Kalifat wird erneuert worden sein.

Keinerlei Theatralik, Inszenierung oder Effekthascherei. Im Gegenteil: Würdiges Auftreten und natürliche Haltung erinnern unmittelbar an die Erscheinung des Propheten in der Überlieferung seiner Worte und Taten. Dieser Auftritt ist ein Meisterwerk.

Es ist erst der Anfang einer strategischen symbolischen Handlung: Ein Mensch wird Kalif.

Das Leben des Kalifen ist bekannt, aber die Biographie dieses Mannes, bevor er zum Nachfolger Mohammeds aufstieg, ist nichts weiter als eine »Biographie«, also ein Lebenslauf.[5] Durch die Ausrufung wird diese Biographie zu einer Hagiographie, zu einer Überlieferung von Worten und Taten, die von diesem Moment an in eine heilige Geschichte eingehen. Aus einem Lebenslauf wird eine Heiligenlegende.[6]

Selbstverständlich klingt eine solche religiöse Behauptung für unsere Ohren skandalös, aber unterscheidet sie sich denn sehr von dem, was in unseren Schulbüchern über Napoleons

Leben steht? Es gibt immer ein Davor und Danach sowie eine Zäsur, ein denkwürdiges Ereignis, das aus einer Biographie eine Hagiographie macht. Daher ist es nutzlos, den biographischen Einzelheiten im Leben dieses Mannes nachzugehen; der Einzige, der jetzt noch zählt, ist der Mann, der fortan als Kalif spricht.

Der Kalif ergreift das Wort

Nach einem kurzen Gebetsruf erhebt sich Ibrahim und trägt ruhig seine Predigt vor.[7] *Ipso facto* übernimmt er damit die Funktion des Imams, leitet also das Gebet. Übrigens erwähnt er ausdrücklich das Imamat, denn das ist die grundlegende Funktion eines muslimischen Herrschers: Imam ist derjenige, der den Gläubigen »gegenübersteht« (wörtliche Bedeutung des Begriffs), um ihnen den Weg zu weisen und die geistliche Anstrengung anzukündigen sowie den Kurs, den sie einschlagen sollen, den Dschihad.

Er ist eloquent, aber sachlich, hält seine Rede ohne Unterbrechung, ohne Manuskript oder Teleprompter. Die einzige rednerische Geste besteht darin, dass der Kalif von Zeit zu Zeit die Hand hebt, um die wichtigen Stellen zu unterstreichen, auch das ohne jede Übertreibung. So folgt seine Rede den klassischen Stilvorgaben, Aufrufe zum Glaubenskampf wechseln sich ab mit Zitaten aus dem Koran, das alles in einer sprachgewandten, zeremoniellen Ausdrucksweise, ganz wie es den Vorschriften für die Koranrezitation entspricht.[8] Das ist große Redekunst, die zum rhetorischen Vorbild für viele Reden und Verkündungen des Kalifats werden sollte.

Ihre Würde erlangt diese Redehandlung im Akt der Inthronisation; denn Ibrahim wird zum Führer der Gläubigen, indem er spricht und das Gebet leitet, ein Gebet mit einer Reflexion über den »Polytheismus«, für die Notwendigkeit, die Ungläubigkeit auszumerzen, und gegen die Versuchungen, sich ihr zu ergeben. In der Rhetorik bezeichnet man einen solchen Akt als »performative Äußerung«. Wer das, was der Koran sagt, gut vorträgt und beweist, dass die anderen Polytheisten sind, hat das Kalifat übernommen. Er hat das Kalifat »performiert«. Das Kalifat existiert.

Zu den Polytheisten sprechen, also zu uns

Der Polytheismus ist ein Schlüsselbegriff: Er bezeichnet die andere Öffentlichkeit, nicht die in der Moschee anwesenden Gläubigen, sondern den Feind.

Unter Polytheismus wird die ganze westliche und verwestlichte Kultur verstanden: der Kult der »Idole des Stammes« (Medien, Kino, *people*, die *role models* des Sports), der »Idole des Marktes« (Konsumgüter, die religiösen Abwege des Islam, die sich der »heidnischen« Profitgier ergeben), der »Idole des Theaters» (Abbilder des Wissens, der Kommunikation, der Technik) und der »Idole der Höhle«[9] (jeder, der die Welt ausschließlich mit Scheuklappen aus Vorurteilen, aus seiner eigenen beschränkten Weltsicht betrachtet, abseits vom Licht Gottes) sowie, kurzgefasst, sämtliche demokratischen Staatsformen, die die Menschenrechte ins Zentrum ihres politischen Systems stellen und somit den Menschen selbst zu einem Idol erheben.

Der Begriff »Polytheist« fällt immer wieder, er steht im Zentrum der Predigt, und man würde sich sehr über seine Bedeutung täuschen, wenn man ihn als altmodisch, theatralisch oder geschwätzig abtun würde. Gegenüber der polytheistischen Vielfalt und Doppelzüngigkeit ist hier die Weisheit des wahrhaft monotheistischen Wortes zu vernehmen. Und auf dieser Gegenüberstellung begründet sich der Aufstieg des Kalifats. Während wir in unserer Vielschichtigkeit und Doppelzüngigkeit veränderlich sind, bleibt die Nation des Kalifen in ihrer Einheit und Einzigartigkeit, wie sie ist.

Offensichtlich besteht von Paris bis Washington eine bestimmte
Vorstellung davon, wie eine Machtübernahme sich zu vollziehen
hat und was eigentlich ein Staat ist. Deshalb tut man sich schwer,
das Kalifat bei diesem Namen zu nennen (siehe Kapitel III).

Wie entsteht ein Staat? Begrifflich fasst man eine Machtübernahme mit Hilfe von Regeln, die als offensichtlich betrachtet werden: Revolution oder Staatsstreich, Legitimierung durch
allgemeine Wahlen, Anerkennung durch die UNO, Verfassung,
ja man lässt, wie in Südamerika geschehen, sogar einen insti-
tutionellen Staatsstreich durchgehen. Kurz, es gibt einige Regeln,
anhand derer sich bestimmen lässt, was ein Staat ist, auch wenn
das internationale Recht zögert, eine Definition festzulegen, und
die Staaten in der UNO sich nicht immer einig sind, ob sie einen
neuen Staat als solchen anerkennen sollen.[10]

Auch der politische Ablauf ist festgelegt, dazu gehört die
Wahl eines Präsidenten (früher berief man eine verfassung-
gebende Versammlung ein, nun kommen die Präsidentschafts-
wahlen zuerst, ganz als wäre ausgerechnet das ein Heilmittel,
was sich häufig als Gift erweist), mit ausländischen Beobachtern
und humanitären Delegationen, durch die ein legitimer Staats-
chef bestimmt wird. Die Einrichtung eines Staates folgt politischen Vorgaben (»gewöhnlich definiert man einen Staat als eine
Gemeinschaft mit einem Territorium und einer Bevölkerung,
die einer organisierten politischen Autorität unterstehen«[11])
und rhetorischen Regeln.

Nichts dergleichen in der ehrwürdigen Moschee von Mossul. Hier verweigert man sich allen Vorgehensweisen und normierten Begriffen, die vom Westen und folglich von der Welt
festgelegt wurden. So heißt der Begriff, der die politische Funktion des Regierens benennt, *wali*. Ist aber die Wilaya die Autorität, die sich aus militärischen Heldentaten im Dienste des
Glaubens ergibt, so wird dieser Dienst, historisch gesehen, vom

Kalifen ausgeübt, das heißt von dem Mann, der die Verantwortung für den Dschihad übernimmt. Denn ein Wali oder »Gouverneur« kann Kalif sein oder nicht (so war es in ferner und näherer Vergangenheit), oder beide Funktionen können in einem Individuum zusammentreffen, das die Führung der Gläubigen übernimmt. Ist Ibrahim also Imam (er leitet das Gebet), Wali oder Emir?[12] Er ist alles zusammen, eben Kalif. Aber er wurde Kalif durch ein Verfahren, das nicht unseren Vorstellungen von einer Machtübernahme entspricht.

Unser politisches Vokabular, das vor allem durch die Medien vermittelt wird, vermag diese Auffassungen und dieses Vorgehen weder zu fassen noch an unsere Sprache anzupassen.

Der Aufstieg, der sich am Freitag, den 4. Juli abgespielt hat, vollzieht sich also jenseits der Begrifflichkeit unserer modernen politischen Rhetorik. Die Verachtung des neuen Kalifen für den Titel eines Staatschefs auf europäische Art, ja seine Weigerung, sich mit einem solchen Titel zu schmücken, signalisieren einen radikalen Bruch mit der Tradition der politischen Leader im Nahen Osten und im Maghreb, die seit dem Ende des 19. Jahrhunderts westliche Titel getragen haben (Kaiser, König, Präsident). In seiner Rede vom Mai 2015 gebraucht Kalif Ibrahim für die Staatschefs der arabisch-muslimischen Welt den schlichten Titel »Gouverneur«, womit er diejenigen meint, die im Augenblick regieren. Abgesehen von diesem lächerlichen Begriff nennt er keinen anderen Titel, der den Westen imitiert. Nicht einmal bei den Titeln für die Staatsoberhäupter sprechen wir dieselbe politische Sprache.

Die Machtergreifung durch das Wort

Wir sollen also vom »Kalifen« sprechen, aber was genau bedeutet dieses Wort im Hinblick auf die Macht, die ergriffen wurde?[13]

Die Forderung nach Gehorsam

Man kann die Macht übernehmen, aber man muss sie auch festhalten.

Diese Machtübernahme ist deshalb ungewöhnlich, weil sie sich auf eine Forderung nach Gehorsam gründet (siehe weiter unten, Kapitel VI). Der Kalif fordert »Gehorsam«. Der Begriff kommt uns ausgefallen und übertrieben vor. Gehorsam: Das Konzept, das hinter diesem Begriff steckt, ist aus unserem politisch-sozialen Wortschatz schlicht und einfach verschwunden. Unsere demokratischen Systeme haben die Idee des Gehorsams, vor allem des Gehorsams, den man dem Gesetz schuldet, so weitgehend ausgelöscht, dass sie sogar den zivilen Ungehorsam zur Pflicht stilisieren. Alles ist verhandelbar, alles eine Sache des Dialogs (siehe Kapitel V). Zu gehorchen ist obszön.

Aber hier taucht er wieder auf, der verdrängte Begriff. Kalif Ibrahim ist weder verrückt noch überdreht. Er weiß, was er dort in der antiken Moschee von Mossul zu den Gläubigen sagt, denen er gegenübersteht: Gehorchen gilt als politische Tugend, und durch sie vollzieht sich die Machtübernahme. Wie bittet man um Gehorsam? Eine solche Bitte ist rhetorisch gesehen paradox, denn um Gehorsam bitten bedeutet, dass dieser Gehorsam auch verweigert werden kann, dass es also Widerstand gibt, bevor überhaupt Gehorsam geleistet wurde.

Der Gehorsam, den man dem Kalifen natürlicherweise schuldet: Schon befinden wir uns mitten in einem exotischen politischen Universum. Lästern bringt uns nicht weiter, wir müssen uns um Verständnis bemühen. Wenn das Wall Street Journal sich darüber lustig macht, der Kalif sei *self appointed*, also selbsternannt, dann zeigt es nur unfreiwillig das ganze Ausmaß unserer Sprachlosigkeit auf; denn ein Kalif ernennt sich in der Tat selbst, das ist seine Pflicht, und darauf gründet sich seine Bitte um Gehorsam – denn die Welt in der politischen Tradition des Islam ist zweigeteilt. Hier die Ungläubigen, dort die Gläubigen; zwischen diesen beiden kann, wenn der Gläubige Gott Gehorsam leistet, nur Krieg herrschen. Krieg deshalb, weil der Ungläubige sich weigert, vom Polytheismus und seinen Idolen abzulassen. Wegen seines radikalen Ungehorsams – unseres Ungehorsams.

Anders gesagt, diese Proklamierung der absoluten Pflicht zum Gehorsam hat für den Sprecher zweierlei zur Folge: Sie bringt ihm das Imamat, die Führung des Gebets, und das Kalifat, die politische Führung. Kalif ist also derjenige, der dadurch, dass er die Pflicht zum Gehorsam proklamiert, mit dieser Verkündung die Aufgabe übernimmt, den Bereich des Glaubens auf die ganze Menschheit auszudehnen.

Traditionell erstreckt sich diese Pflicht, dem Dschihad zu gehorchen, sogar auf »böse« muslimische Machthaber, also schlechte Prinzen. Islamische Regime, die oberflächlich oder tiefergehend das westliche System kopiert haben oder mit den Ungläubigen kooperieren, haben sich selbst disqualifiziert; sie haben die Pflicht, dem übergeordneten Befehl des Dschihad zu folgen, oder ihre Untertanen haben die Pflicht, sie zu stürzen.

Die rhetorischen Mittel sind messerscharf: Pflicht zum Gehorsam unter das göttliche Wort, Trennung zwischen Gläubigen und Ungläubigen, unvermeidliche Selbsternennung – das ist der moralische Hintergrund der Aufstände im Jemen, in Libyen, in Nigeria und im Kaukasus.

Für diese Weltanschauung gibt es keinerlei dynastische oder Volkslegitimität, die auf eine feste staatliche Einheit gegründet wäre – das alles sind westliche Begriffe –, es gibt lediglich eine unmittelbare Autorität, ausgehend von dem Mann, der den Gläubigen den Weg weist, einen Weg, der das Territorium des Gehorsams immer weiter ausdehnt. Ein Kalif, der danach strebt, die Gemeinschaft der Gläubigen zu vergrößern, handelt als Mohammeds Nachfolger. Durch ihn vollzieht sich der Dschihad, er führt das Handeln des Propheten fort.[14]

Eine islamische »Unabhängigkeitserklärung«

Diese Wortzusammenstellung könnte einem übertrieben vorkommen, aber ist sie wirklich übertriebener als der Glaube an die Existenz eines »allgemeinen Willens«, der im Zentrum der demokratischen politischen Systeme wirkt? Oder der regelmäßige Appell an die »republikanischen Werte«, die, wären sie bekannt und festgelegt, womöglich alle Wahlen überflüssig machen würden, weil sie spontanen Gehorsam durch ihre positive Wirkung hervorrufen würden?

Erinnern wir uns daran, die Ausrufung des Kalifats fand am amerikanischen Nationalfeiertag statt – und das war kein Zufall, sondern gewollt, und lesen wir dazu noch einmal die amerikanische Unabhängigkeitserklärung: Die Klasse der Händler und Grundbesitzer, die damals in den aufständischen Kolonien an der Macht war, verkündete, Gleichheit unter den Menschen, Freiheit, Recht auf Leben und Streben nach Glück seien »ausgemachte Wahrheiten« (*self-evident*): Offensichtlich waren aber diese Wahrheiten nicht ausgemachter als die Proklamation des Kalifats, denn um diese Wahrheiten durchzusetzen, bis also die »Selbstevidenz« zu einer politischen Evidenz wurde, musste noch allerhand geschehen: eine blutige Revolution, die Weigerung eines Teils der regierungstreuen Bevölkerung, sich den Aufrührern von Boston zu unterwerfen, zwei englische Invasionen, ein schrecklicher Bürgerkrieg, die bis zu den Rassenunruhen und der Bürgerrechtsbewegung andauernde Unterdrückung der Schwarzen. Und dennoch wurde diese Selbstevidenz verkündet und ein Staat gegründet.

Die Macht einer Proklamation ist nicht zu unterschätzen: Die beiden großen Musterrepubliken, also die französische und die amerikanische, haben sich tatsächlich durch eine Proklamation gegründet (durch die amerikanische Unabhängigkeitserklärung bzw. den Ballhausschwur). Das damalige politische Europa brach in schallendes Gelächter aus und zog diese Staatsgründungen, die sich allein durch ein neues Wort vollzogen, ins Lächerliche. Dennoch sind daraus zwei Staaten entstanden, die auf zwei Kontinenten den Lauf der Geschichte verändert haben. Worte schaffen Realitäten. Das Kalifat wurde proklamiert, also existiert es auch. Und es funktioniert. Die Macht, die dieses Kalifat auf junge Leute ausübt, die konvertieren und sich der Kalifatsrepublik – denn eine solche ist sie – anschließen, hängt mit ihrem verkündenden Wesen zusammen, das Kalifat regt zum gleichen Idealismus an wie zu ihrer Zeit die amerikanische Unabhängigkeitserklärung oder der Ballhausschwur. Und sie ruft in der etablierten politischen Welt die gleiche Ablehnung hervor.

Man tut gut daran zu akzeptieren, wie mächtig diese Proklamierung ist. Und auch, dass Worte in der Politik Schöpfungskraft besitzen.[15]

Wir haben es hier also mit mächtigen rhetorischen Konstrukten zu tun; sie warnen uns davor, nie davon auszugehen, dass alle anderen argumentieren wie wir, die Politik in die gleichen Begriffe fassen wie wir und mit den Gemeinplätzen operieren, die wir kennen. Wir sollten darüber nachdenken, was diese neu aufgetretenen Formen der politischen Argumentation bedeuten, die sich durch das plötzliche Auftauchen neuer rhetorischer Formen ankündigen: Sie haben eher verschärfte Aufmerksamkeit verdient als ignorante Verachtung.

Der Tag wird kommen, an dem wir tun, was auch Franz I., zur Empörung der Christenheit, einst getan hat, als die Türken Ungarn in Brand steckten und in Blut tauchten: mit dem Feind sprechen. Der König ging so weit, die Flotte des Kalifen an der Reede von Toulon überwintern zu lassen. Falls der Kalif durch eine Drohne ermordet wird und stirbt, wird das nichts an der Sache ändern: Es wird einen Nachfolger geben.

Vielmehr sollten wir realistisch sein und uns auf Verhandlungen und eine unfriedliche Koexistenz mit dem Kalifat vorbereiten; dazu müssen wir eine eiserne Regel der internationalen Beziehungen neu erlernen, die keine »Beziehungen« im beschwichtigenden Sinn des Wortes sind, sondern Kräfteverhältnisse. Das Kalifat versetzt uns in die Realpolitik[16] zurück. Wir sind aufgefordert, unseren Wortschatz daran anzupassen. Aber rhetorische Begriffe für eine politische Auseinandersetzung erfindet man nicht aus dem Stegreif. Deshalb sollten wir jetzt damit beginnen, über die rhetorischen Mittel für eine langwierige politische Auseinandersetzung mit dem Kalifat nachzudenken.

KAPITEL II

DAS TERRITORIUM
DES TERRORS BENENNEN

Das Kalifat hat der Welt das Ungleichgewicht des Schreckens gebracht. Dieses Ungleichgewicht verdankt sich zum Teil der rhetorischen Verbindung von Terror und Territorium. Das ist das Thema dieses Kapitels.

Der edle und schützende Terror

Vom Recht wird erwartet, dass es eine feststehende Begrifflichkeit bereitstellt. Im Fall des Terrors aber unterläuft dem französischen Recht ein erstaunlicher Fehler. Es definiert den Terror durch eine kreisförmige Argumentation:

> Folgende Straftaten stellen terroristische Handlungen dar, wenn sie absichtlich mit einer individuellen oder gemeinschaftlichen Unternehmung verbunden sind, die darauf gerichtet ist, die öffentliche Ordnung durch Einschüchterung oder Terror in schwerwiegender Weise zu stören.[1]

Anders gesagt: Es gibt keine Definition des »Terrors« aus sich heraus, sondern nur eine Reihe von »Straftaten«, die man als »terroristische Handlungen« bezeichnet. Der Gesetzgeber definiert den »Terror« nicht. Vielmehr ersetzt er ein Wort durch das andere und teilt uns mit, terroristische Handlungen seien das, was den Terror ausmache. Das deutsche Strafrecht dreht sich beim Versuch, Terror zu definieren, nicht weniger im Kreis: Es benennt einige Straftaten, liefert aber keine Definition des Terrors an sich. Der Artikel des Gesetzbuchs ist überschrieben: »Bildung terroristischer Vereinigungen«. In ihm wird noch nicht einmal das Substantiv »Terror« gebraucht, sondern lediglich das Adjektiv.[2] Was ist nun die schlüssige Definition?

Dafür muss man zum Ursprung des Rechts zurückgehen und zu seinem ursprünglichen Glossar aus der römischen Welt. Geographen, Kriegssoziologen und Politologen zitieren besagte Quelle oft aus zweiter Hand, ohne Quellenangabe; es handelt sich um den Juristen Pomponius in den *Pandekten* des Kaisers Justinian.[3]

»Terror« wird dort sehr prägnant definiert: Terror ist das, was einem Richter ermöglicht, einen Straftäter in Schach zu halten, und zwar, indem er ihm eine »heilsame Furcht« einflößt; und das »Recht, Terror auszuüben, also vom Territorium zu vertreiben« begründet die Integrität eines Volkes, das organisiert und auf seinem Territorium unabhängig ist. Wie wir gesehen haben, ist das auch heute noch die gültige Definition eines Staates.

»Terror« ist hier also ein Begriff, der edel und schützend konnotiert ist.

Dieses Recht auf Terror besteht aus zwei Komponenten: erstens einer moralischen – es soll eine heilsame Furcht einflößen –, zweitens einer praktischen – es soll die Integrität des Territoriums wahren. So nähern wir uns einer Definition des Terrors, die uns, anders als die Tautologie der Gesetzgeber, nicht im Kreis herumführt, sondern vorwärtsbringt.

Ursprünglich ist also das Recht selbst terroristisch, und dieses Recht, Terror auszuüben, schützt das Territorium insofern, als es alle fernhält, die man für Straftäter hält, also die, die die Grenzen des gemeinsamen Territoriums angreifen. Diese physischen Grenzen werden bald auch als abstrakte und ethische Grenzen interpretiert, und Gewalttaten gegen diese Grenzen bergen die Gefahr, einen allgemeinen Aufruhr auf dem Territorium und unter den Menschen, die es bewohnen, hervorzurufen.

Der Ausdruck »Gleichgewicht des Schreckens«, der zu Zeiten der nuklearen Abschreckung in Gebrauch war, verdankt sich in direkter Linie dem juristischen Denken der Römer: zwei Blöcke, die sich gegenseitig Angst einjagen, um ihr Territorium, ihre Unabhängigkeit, ihre Bevölkerung und ihren Staat zu schützen.

So wie der Begriff im Moment von den Terroristen gebraucht wird, ist er ausgerechnet von dieser juristischen, wohlwollenden Vorstellung inspiriert, die das Leben in Gemeinschaft schützen möchte; allerdings mit einer brutalen Verdrehung.

Das idealisierte Territorium des Terrorismus

Der Terrorismus des Kalifats[4] unterscheidet sich von dem der al-Qaida: Er ist ein internationaler Aufruf, sich zum Territorium zu bekennen.[5] Wie sieht es aber aus, dieses Territorium der Terroraktion?[6]

Im altmodischen Terrorismus, wie er beim Anarchisten-Aufstand oder im kommunistischen Klassenterror vorherrschte, war der Aktionsraum Gegenstand von Diskussionen über Strategie und richtige Methode sowie über die Wirksamkeit von Bomben, Morden, Beschuss und Aufruhr. In der revolutionären Aktion zog man eine Trennlinie zwischen der Definition des Territoriums, das man besetzen wollte, und den Mitteln, um dieses Ziel zu erreichen. Lenin misstraute jeglichem Abenteurertum, ja fürchtete es sogar, weil er es für übertrieben individualistisch und romantisch hielt.[7] Aufstand und Staatsstreich, das ja. Aber kein Terrorismus, abgesehen von dem Terror, dessen Ziel es war, diejenigen, die sich der Revolution widersetzten, zu vertreiben und ihre Anzahl zu verringern (das war der Anlass für den Gulag, der im Grunde ein Anti-Territorium ist). Das Territorium ist der Brückenkopf zur Internationalisierung.

Kurz, zwischen Terrorismus (individuell, anarchisch, romantisch und ohne lang anhaltende Wirkung) und Terror (kollektiv, strategisch, rational und Motor der Geschichte) bestand ein theoretischer und praktischer Unterschied; das führte dazu, dass das Territorium, wo sich der Terror entfaltete, der revolutionären Strategie unterworfen war, die von diesem einen Ort ausging, um sich zu internationalisieren.

Im Zeitalter des Dschihadismus ist die Ausgangslage eine andere.

Offensichtlich diente der Terrorismus nach den Attentaten vom 11. September 2001, also der Terrorismus al-Qaidas, als verbindendes, wenn auch gewalttätiges Element zwischen den beiden Teilen der Welt – dem Teil der Gemeinschaft der Gläubigen und dem anderen Teil der Abtrünnigen, Ungläubigen und Götzendiener.

Nach den Aussagen des intellektuellen Kriegers Bin Laden zu urteilen, wollte der Dschihad den zweiten Teil der Welt zum ersten bekehren, indem er ihn mit Krieg überzog, hatte aber keinen territorialen Anspruch. Er operierte von verschiedenen Orten und von einer mobilen »Basis« aus (*al-qaida* bedeutet Basis). Diese Basis war einerseits ein einsatzbereites großes Hauptquartier und andererseits eine religiöse und moralische Basis, eine Art kriegerisches Kloster und ein Labor der »Botschaften« des weisen Kriegers, also des Scheik Bin Laden. Al-Qaida verweigerte sich der Territorialisierung des Terrorismus; al-Qaida war überall und nirgends. Die Basis hatte beschlossen, New York und Washington zu attackieren, weil sie den Feind an seiner unmoralischen Basis treffen wollte: Finanzsystem und Staatsmacht.[8]

Diese Dimension geriet im Durcheinander der Kriege, die auf den 11. September folgten, und der spektakulären Jagd auf den Menschen Bin Laden in Vergessenheit.

Man kann, ja man muss sogar sagen, dass Bin Laden eine metaphysische Vision hatte: Durch ihren theologischen Reichtum, die schlichte Beherrschung des Stils, den weiten Horizont

und die Schönheit der Sätze ähnelten seine Reden den päpst-
lichen Enzykliken oder den großen Predigten Calvins in der
Renaissance: Es waren Botschaften, die die Welt zur Bekehrung
aufriefen.[9]

Diese Botschaften »von der Basis aus« forderten kein beson-
deres Territorium, sondern eine theologische Abstraktion: das
Universum. Die Terrorakte unterstrichen die Gültigkeit der Botschaften, gaben aber nicht vor, ein reales Territorium zu besetzen. Vielmehr sollten sie eine Art geistigen Schock auslösen, und
zwar bei den Abtrünnigen (gemeint ist Saudi-Arabien, das seit
seiner Eroberung Mekkas und Medinas in den zwanziger Jahren
und der Vertreibung des haschemitischen Emirs, der ihr tau-
sendjähriger Beschützer gewesen war, die heiligen Stätten besetzt hält), bei den Götzendienern (also Muslime, die an Christen verkauft wurden) und bei den Ungläubigen.

Bin Laden vertrat eine Metaphysik des Terrors: Die Terroraktion bewirkte, dass es allen wie Schuppen von den Augen
fiel, der Geist sich der Wahrheit öffnete und die Gerechtigkeit
des Korans ans Licht gebracht wurde. Kurz, die Terroraktion
war dazu da, das Gesetz zu verkünden. Wie in der römischen
Rechtstradition war der Zweck dieses Terrors, »heilsame Furcht
einzuflößen«, also eine Furcht, die das Seelenheil bringt.

In der Kombination ihrer Argumente verbreiteten Bin Ladens Reden immer wieder aufs Neue diese Lehre. Man kann
sogar sagen, dass der Terrorakt etwas Außergewöhnliches war:
Er trat an die Stelle der nicht existierenden Armee, der »Ritter
des Islam«, und ihrer tatsächlichen Anwesenheit auf einem von
Abtrünnigen und Götzendienern gereinigten Territorium, eines Territoriums als realer Beweis für ein perfektes, erhabenes
und zum Islam konvertiertes Universum.

Auch wenn es paradox erscheint, der Terrorismus Bin Ladens war eine Heilspraxis und vollzog sich auf einem abstrakten Territorium mit ethischer Dimension, mit anderen
Worten: einem metaphysischen Territorium. In ihm findet sich

die moralische Komponente des römischen Rechts wieder, die oben besprochen wurde, nämlich, dass es richtig ist, Terror auszuüben.

Das vielgestaltige Territorium des Kalifats

Im Zusammenhang mit der Herrschaft über das Territorium haben in der arabisch-muslimischen Kultur viele weitere territoriale und ethnische Verschiebungen stattgefunden;[10] aber mit dem Terrorismus des Kalifats gelangen wir zum zweiten, praktischen, Aspekt des antiken römischen Rechtsbegriffes, schließlich ist das Territorium Realität.

Dieses Territorium ist das Kalifat in seiner ganzen Ambiguität, denn abgesehen von seiner sakralen Dimension bezeichnet Kalifat sowohl eine Form der politischen Führung als auch einen Staat (siehe Kapitel XIII).

Für uns handelt es sich zunächst um ein Territorium der Worte: Das Territorium musste zwangsläufig ausgerufen werden, damit es Gestalt annehmen und sich jene Zone bilden konnte, kontrolliert von einer Gruppe, die im Lauf der Jahre immer wieder ihren Namen verändert hat: al-Qaida im Irak (2004), Islamischer Staat des Irak (2006), Islamischer Staat in Syrien und der Levante (2013). Dschihadisten, die ihre Hidschra zum Kalifat antreten, nennen diesen Staat oft nur kurz und knapp *al dawla*, was übersetzt einfach »der Staat« bedeutet.

Allerdings ist das Territorium des Kalifats vielgestaltig.

Die drei Strömungen des Terrors

Der um sich greifende Terror ist erstens territorial: Alle, die sich widersetzen und nicht konvertieren wollen, werden vertrieben, alles, was auf dem Territorium Abtrünnigkeit und Ungläubigkeit symbolisiert, wird zerstört (westliche Geschäfte, Kirchen, antike Statuen), alle, die auf das Territorium kommen, um zu kämpfen oder die Territorien der Unmoral zu verlassen, werden aufgenommen; es wird regiert und verwaltet.

Zweitens dient das Territorium als Ausgangspunkt für Eroberungen, um die Nicht-Muslime außerhalb dieses eigenen Territoriums mit Terror zu überziehen.[11] Das Recht auf Besitz und Eroberung, welches das Kalifat für sich in Anspruch nimmt, ist nicht extraterritorial, vielmehr ist es eine Wiedereroberung, also eine Bestätigung, dass ihm jegliches Territorium bereits gehört.

Und drittens ist es das Territorium des »Heils«, wohin jeder gute, »wohl geleitete« Muslim auswandern sollte, um dort ein anständiges Leben zu führen.[12] Uns erscheint es paradox, dass diejenigen, die ihre Hidschra zum Kalifat antreten, vor dem Terror der Unterwerfung unter die Sitten des Westens (siehe Kapitel VII) fliehen und diese Westler dennoch oder gerade deshalb außerhalb des eigenen Territoriums mit Terror überziehen.[13] Die Rückkehr ins Heilige Land des Islam ist Buße und Rückkehr zu Gott, eines der Lieblingsthemen der Publikationen des Kalifats:[14]

Jeder gläubige Muslim emigriert in eins der Gebiete des Islamischen Staats, ins Land des *Islam*, er verlässt die Länder der Ungläubigen, wo die schlimmsten *tawâghît* (Götzendiener) der Welt regieren, die unablässig gegen unsere Gemeinschaft Krieg führen. Jetzt ist für die Gläubigen die Stunde gekommen vorzurücken; sie werden ihre Länder wiedererobern und jenen Tyrannen keine ruhige Minute lassen. Nur unter Schmerzen kann ein Muslim sich fern seines Landes aufhalten und er wird immer dorthin zurück wollen, um seinem Herrn nahe zu sein.[15]

Das territoriale Argument des Terrors lautet also wie folgt: Weil Frankreich bereits dem Kalifat gehört, zur Zeit aber von den Ungläubigen besetzt gehalten wird, muss man diese Ungläubigen terrorisieren, ihnen heilsame Furcht einflößen. Und respektieren sie die Integrität des Islam nicht, verweigern sie den Übertritt, dann gilt es, sie zu verjagen und »in Schach zu halten«.

Die Mordanschläge in London, Paris, Kopenhagen, Sydney zeigen auf ihre Art, dass dieses Territorium, wo wir leben, bereits zum Kalifat gehört.[16] Aus diesem Grund geben die Sprecher des Kalifats den Kämpfern, die sich auf das Territorium des Kalifats begeben, neue Namen und hängen an ihren neuen islamischen Namen ihr Herkunftsland an: So kommt Abu Shahrazaad al-Narwegi aus Norwegen,[17] aus Romain Letellier wurde Abou Seyad al-Normandy, also aus der Normandie kommend, und aus Maxime Hauchard wurde einfach Abu Abdallah al-Faransi; Veröffentlichungen des Kalifats feiern ihn als Held ohne Furcht und Tadel.[18]

Dass der ausländische Soldat des Kalifats sein Herkunftsland (*nisba*) im Namen trägt, ist nicht bedeutungslos, vielmehr behauptet dieser Zusatz, dass die Normandie oder Frankreich potentielle Provinzen des Kalifats sind. Der junge Australier, der auf Englisch den albernen Spitznamen Jihadi Jake hat, trägt im Kalifat den äußerst ehrwürdigen Namen »Vater des Gottesdieners in Australien«, Abu Abdallah al-Australi.[19] Und noch viele Beispiele mehr.[20]

Diese den Regeln der arabisch-muslimischen Kultur gehorchende Neubenennung oder Identifizierung untermauert die symbolische Wiederaneignung des Territoriums, das es zu erobern gilt.[21] Sie hat System. Jeder ausländische Kämpfer markiert das neu zu erobernde Territorium.

Die rhetorische Manipulation besteht, anders gesagt, darin, zu behaupten, dass ein Terrorakt keine punktuelle Invasion darstellt, sondern ein Akt der Aneignung oder Wiederaneignung ist.[22] Das Territorium, das wir für das unsere halten, gehört in Wirklichkeit gar nicht uns. Wir sind Fremde in dem Land, das wir für unsere »Heimat« halten, denn diese »Heimat« ist ungläubig, unmoralisch und kriminell.

Bei Anhängern des Kalifats aus Ländern, die von einer Konsenskultur geprägt sind, wo außer gepflegtem Materialismus keine weiteren Ambitionen geboten werden, ist diese Beschuldigung besonders heftig; sie kommen aus Ländern wie Australien[23] oder, besonders viele, aus Kanada, und sie sind Konvertiten wie zum Beispiel André Poulin,[24] der jetzt Abu Muslim heißt, Kämpfer im Kaukasus und Held des Propagandafilms *Flames of War* vom September 2014 ist.

Zweck des Terroraktes ist, uns zu überzeugen, dass wir die Grenzen unserer »Heimat« in Richtung des Kalifats ausdehnen und sie ihm anschließen sollen. Wir sind die eigentlichen Kriminellen, nicht der Anhänger des Kalifats, der in einer Straße der westlichen Welt enthauptet, absticht, erschießt: Der Terrorakt ist dazu da, uns »heilsame Furcht« einzuflößen; sie soll uns dazu bringen, unser Territorium wieder auf den rechten Weg zu bringen.

Das Mantra des Territoriums

Die Territorialisierung des Kalifats entspricht einer dreifachen strategischen Bewegung, die durch den Koran vorgegeben ist. In der kanonischen (nicht chronologischen) Sure »Die Öffnung«, *fatiha*, also im wortmächtigen Prolog des Korans, heißt es in den Versen 6 und 7:

Leite uns den rechten Pfad,
Den Pfad derer, denen du gnädig bist,
Nicht derer, denen du zürnst, und nicht den Irrenden.

Die fünf täglichen Gebete erlangen nur dann Geltung, wenn diese Sure rezitiert wird. Sie steht am Anfang, sie ist einsatzfähig und performativ. Fünf Mal täglich ruft sie dem Gläubigen die mentale Landkarte des Islam in Erinnerung, jedem, der ergründen will, was Gott wirklich gesagt hat und was das Kalifat, wie ein Mantra, unablässig wiederholt.

Tatsächlich liefert die eröffnende Sure den rhetorischen Schlüssel für die Territorialisierung des Kalifats.

Sie zeichnet eine mentale Landkarte, denn sie benennt drei territoriale Bewegungen durch die Analogiebildung mit drei Schlüsselbegriffen:[25] Die Rückkehr auf das Territorium des Kalifats, in jenes heilige Land, das dem Muslim den »rechten Pfad« verspricht, ist eine Konstante in den Verlautbarungen des Kalifats und meint, kurz gesagt, die Emigration aus den abtrünnigen Territorien (Saudi-Arabien, Kaukasus-Russland, Kurdistan, Türkei etc.) hin zum Territorium des Islam; weiter eine Bewegung heftiger Abwehr derer, gegen die sich »der Zorn Gottes« richtet – also die Juden (auch das eine Konstante in den Verlautbarungen); und schließlich eine angewiderte Fluchtbewegung aus den Territorien der »Irrenden«,[26] gemeint sind die westlichen, christlichen oder seit langer Zeit christlich bekehrten Länder – das zeigt sich besonders bewegend in der rettenden Flucht, der Hidschra, von Frauen und Kindern[27] (siehe Kapitel VII).

Das Kalifat ist eine auf dieser Rhetorik fußende territoriale Realität, eine physische, wortgewaltige Macht, die für ihre Politik eine neue Formel gefunden hat. Anstatt sich für die Raffinesse und Professionalität in den Verlautbarungen des Kalifats zu begeistern, sollte man besser darüber nachdenken, worin Triebkraft und Dynamik des Kalifats bestehen: Hier erscheint eine Sprache, die alle Grenzen überschreitet und unsere Gewohnheiten, nach denen wir die Politik in Worte fassen, auf den Kopf stellt.

Im Übrigen ist es kein neues Phänomen, dass eine plötzlich neu auftretende territoriale und ideologische politische Konzeption, die zudem mit aggressiven moralischen Forderungen schockiert, eine derart furchterregende Wirkung entfaltet. Ist das Kalifat denn wirklich erschreckender als die (Französische) Republik, die ihre (zuvor) von der Monarchie geduldig gezogenen natürlichen Grenzen überschritt, um im Namen abstrakter, aber vielversprechender Prinzipien ganze Länder zu annektieren, erschreckender als die neu entstandene Republik Amerika, die den Indianern ihre Territorien raubte, immer im Namen der Freiheit und des Rechts auf Glück? Diese beiden politischen Neuschöpfungen waren der Überzeugung, die ganze Welt müsse zur Republik werden – und in Amerika entspricht dies immer noch dem offiziellen Diskurs.

Wir sollten also unseren Sprachgebrauch hinsichtlich der Bevölkerungsbewegungen überdenken und die Auswanderung französischer Dschihadisten sowie die Migration von Flüchtlingen vom anderen Ufer des Mittelmeers nicht mehr nur als Problem der Polizei betrachten. Vielmehr müssen wir unsere mentale Landkarte nach dem Vorbild der mentalen Landkarte des Terrors neu zeichnen.

KAPITEL III

»TERRORISMUS« – EINE LINGUISTISCHE UNTERWANDERUNG

Dieses Kapitel handelt von den Wörtern, die wir gebrauchen, wenn wir vom Terror sprechen, und davon, wie wir es zulassen, dass unsere Sprache unterwandert wird.

Die Historiker sagen: »Terror« ist ein starkes Wort, im Französischen beinahe ein edles Wort, es gehört zu der Abfolge der Regime, die Frankreich geformt haben, ja, es war sogar wesentlicher Bestandteil der Französischen Revolution, das Qualitätssiegel des Erzengels des Terrors Saint-Just. Aber während all jene, die, wie Robespierre, das *Régime* gleichen Namens eingesetzt haben, nie »Terrorist« genannt wurden und sich auch selbst nie so bezeichneten, sondern die Bezeichnung »Revolutionär« oder »Aufrührer« vorzogen, umgab sich das Wort »Terrorist« im 19. Jahrhundert, zur Zeit der anarchistischen Dichter, mit einem romantischen Nimbus.

Als sich jedoch Trotzki im Jahr 1920 auf die Pariser Kommune beruft, als Antwort auf Kritiker, die ihn bezichtigten, der Sowjetkommunismus installiere in Russland einen »Roten Terror«, feiert er gerade diesen Terror als angemessene Antwort auf den »Weißen Terror«. Ihm liegt nichts am anarchistischen romantischen, sondern an einem strategisch wie taktisch gut organisierten Terror.[1] Und der Terror, um den es ihm ging, war nicht die Tat eines Einzelnen, der sich dabei häufig selbst opferte, sondern ging von der Masse und der Partei aus, ein Klassenterror, der dem Kampf einer bestimmten Gruppe gegen Unterdrückung einen humanen und solidarischen Sinn verleiht – Jean-Paul Sartre analysiert das meisterhaft als »Terror-Brüderlichkeit«[2]. Der Dschihadismus ist eine Bruderschaft.

47

Durch die deutsche Besatzung Frankreichs bekam das Wort »Terror« einen neuen Sinn, es wurde zu einer Bezeichnung des Feindes für die Partisanen, denn nie hätte ein Widerstandskämpfer diese Bezeichnung für sich selbst verwendet. Kurz gesagt war es bis auf die kurze historische Episode des Bolschewismus kaum möglich, sich selbst als »Terrorist« zu bezeichnen. Auch ein Soldat des Kalifats bezeichnet sich selbst nur selten als »Terrorist«.[3]

Das Kalifat hat sich jedoch in einer rhetorischen Umkehrung dieses Schimpfwort angeeignet (ähnlich wie die amerikanischen Schwarzen einander manchmal als »Nigger« ansprechen). Diese Aneignung erfolgte Schritt für Schritt.

Die deutschsprachige Ausgabe der Zeitschrift des Kalifats hat sich zunächst den (in Deutschland) sprechenden Begriff »Legion« zu eigen gemacht: »ISIS hat eine multi-ethnische Armee kreiert, eine Art Fremdenlegion zum Schutz ihres Territoriums.«[4] Im Januar 2015 wird (in der englischen Ausgabe) der Begriff »Terrorist« in Anführungszeichen als Zitat des Feindes verwendet. Und von April an wurde das Wort »Terrorist« schließlich übernommen und glorifiziert in einem Ausdruck, der die Bedeutung des Begriffes verändert: In »Soldiers of Terror« ist »Soldat« der Schlüsselbegriff.[5] Diese Umwertung ist entscheidend.

Was genau meinen Sie mit dem Wort »Terrorist«?

Verweilen wir einen Moment bei dem Prozess, der bei der Umwertung einer Bezeichnung vor sich geht.

Einerseits beruht das Bezeichnen auf einer verbalen Verfügung über den anderen. In einem Krieg sollte das immer eine der ersten rhetorischen Handlungen sein: Man muss dem Feind einen Namen geben, und dieser Name muss passen wie angegossen. In Friedenszeiten oder bei einer Versöhnung verhält es sich nicht anders: Von diesem Moment an spricht man etwa nicht mehr von den Gräueltaten der »Deutschen«, sondern der »Nazis«, und bezogen auf den Mai 1945 ist gelegentlich von der »Befreiung« Deutschlands die Rede statt von »Niederlage«.[6]

Andererseits steht ein Wort nie nur für sich, wie bei der Umformung von »Terrorist« in »Soldat des Terrors«: Es geht mit einer Bestimmung oder Neubestimmung einher.

Jedes Substantiv braucht eine nähere Bestimmung. In rhetorischer Hinsicht beruht unsere Existenz auf einer Zusammenstellung von Nomen und qualifizierenden Adjektiven. Ein qualifizierendes Adjektiv fügt eine Eigenschaft hinzu, denn erst durch sie lassen sich verschiedene Arten unterscheiden (»eine große Wohnung«, »ein cooles Auto« etc.). Das ist der Zweck eines Adjektivs im praktischen Leben: deutlich zu machen, dass in derselben Kategorie eins nicht wie das andere ist. Die Eigenschaftswörter eröffnen somit ein großes Feld für Veränderungen: »Soldat des Terrors« ist ähnlich wie »Krieg des Terrors«; man sagt nicht mehr nur einfach »Terrorist« und schlägt damit den Ball ins Feld derer zurück, die das Wort als Schimpfwort gebrauchen.

Gegenüber dem Terrorismus des Kalifats nimmt diese nähere Bestimmung panische Züge an, woran sich unsere Haltungslosigkeit hinsichtlich der Bezeichnung des Phänomens ablesen lässt.

Zu viele nähere Bestimmungen

Was das Thema »Terrorist« betrifft, gibt es qualifizierende Labels im Überfluss, weil man das Nomen allein nicht in den Griff bekommt; diese Panik in der Sprache spiegelt eine Panik auf dem Feld der Politik.

Mit dem Akronym fängt es an: Obwohl man aus dem Marketing weiß, wie wichtig ein Kürzel ist, weil es Aufmerksamkeit bündelt,[7] ist, wenn es darum geht, sich verbal für den Gegenangriff zu wappnen, der Wortschatz von einer ganzen Armada frei flottierender Akronyme geprägt, die dazu führen, dass Aufmerksamkeit zerstreut wird: »ISIS« (auf Französisch manchmal als Kopie des Englischen) soll eigentlich was bedeuten? *Islamic State of Iraq and al-Sham*, oder *and Syria*, für das S? (Die Meinungen gehen auseinander, sogar, ob nicht *Sham*, selbsternannten Philologen zufolge, Syriens wahrer Name sei etc.) Oder »EIIL«[8] oder »ISIL« (offizielle Version der UNO und des American State Department)[9].

Weiterhin gibt es verschiedene Bezeichnungen, die sich aus der Arabisierung der Sprache ergeben, Formen, die in unserem linguistischen Regelsystem keinen bekannten Bezug haben: »Daech« oder »Daesh« (angeblich Transkription des unaussprechlichen und dadaistischen *Dawlat al-Islāmiyya fī al-Irāq wa s-Shām*, was einigen arabischen Anti-IS-Internetseiten zufolge auch ein Spottname ist)[10], ohne dass man übrigens genau sagen könnte, ob man das Akronym auf Französisch mit »ch« oder »sh« schreiben sollte, ganz als hätte man vergessen, wie man auf Französisch den Frikativ »ch« am Ende des Wortes ausspricht (genauso wie es im Französischen keinen Sinn ergibt, wenn man die Transliteration von al-Qaida nicht mit »qu« beginnt.)

Und schließlich gibt es weitere bizarre Wortkreationen: Der australische Premierminister spricht vom *death cult Daesh*[11]; weiterhin existiert ein ganzer Reigen von Umschreibungen und Euphemismen wie »der sogenannte Islamische Staat oder IS«, »die Gruppe, die sich IS nennt«, »die dschihadistische Gruppe IS« oder einfach »IS«, was genau zu dem Problem führt und den Schlüssel zu der erwähnten rhetorischen Orientierungslosigkeit auf der Ebene der Eigenschaftswörter liefert.[12]

Denn steht in dem Kürzel IS das I für »islamisch« oder »islamistisch«? Ein Lapsus und der Haken an diesem panischen Gebrauch der Eigenschaftswörter.

Der Lapsus, der das islamische Verdrängte zum Vorschein bringt

»IS«, Islamischer Staat, sagen und schreiben sowohl Medien als auch Politiker. Das Adjekiv »islamisch« widersetzt sich diesem rhetorischen Irrsinn. Niemand sagt »islamistischer Staat«. Obwohl doch der öffentliche Diskurs immer wieder zwischen den »islamischen« Guten und den »islamistischen« Bösen unterscheidet. Aber das Kalifat ist und bleibt »islamisch«.

Unser obsessiver Gebrauch des Wortes »Terrorist« stiftet Verwirrung und bringt uns dazu, »islamisch« anstatt »islamistisch« zu sagen.

Weil wir das Substantiv nicht im Griff haben, stürzen wir uns auf Eigenschaften und Wertungen, die uns ihrerseits entgleiten, bis wir am Ende den Begriff verwenden, den wir eigentlich aus dem öffentlichen und politischen Diskurs verdrängen wollten: »islamisch«. Der »Terrorist« ist ein »islamischer Terrorist«, er ist islamisch, also verkörpert das Kalifat den »islamischen Terrorismus«. Er ist der Islamische Staat. Der einzige.

Hier hat ein symbolischer Austausch stattgefunden: Weil wir auf das Wort »Terrorist« fokussiert waren, ist unserem sprachlichen Regelwerk »islamisch« durchgerutscht. Wir sitzen in der Falle.

Wir sind unfähig, dem Terrorismus einen Namen zu geben, weil unsere Rhetorik der Benennungen von Anfang an die falsche Wahl, nämlich eine »deutsche« Wahl, getroffen hat: Wie die Besatzer von 1940 bis 1945 haben wir uns gegen zweierlei gesperrt. Einerseits wollten wir nicht akzeptieren, dass die »Terroristen« Milizionäre sind, Soldaten, Kämpfer. So bezeichnen sie sich selbst. Warum sollen wir sie nicht auch so nennen: Partisanen und Soldaten? Andererseits weigern wir uns, sie näher mit dem Eigenschaftswort zu bezeichnen, das sie auf sich selbst beziehen und das wir mit ihrem Staat verbinden: »islamisch«.

Die Begrifflichkeiten des Konflikts entgleiten uns.

Diese irrige Bezeichnung ermöglicht dem Kalifat die Kontrolle darüber, wie wir über es sprechen. Würden wir »Partisan« und »Soldat« sagen und alle, im schlechtesten Wortsinn, rhetorischen Effekte des Wortes »Terrorist« beiseiteschieben, käme es wieder zu einer Übereinstimmung von Wort und Ding. Aber dann müssten wir auch der Realität der Tatsachen ins Auge sehen: dem Krieg. Diese erneute Übereinstimmung von Worten und Tatsachen würde eine klare politische Zielsetzung ausdrücken, die in Frankreich allein vom Staat ins Spiel gebracht werden kann.

Das Kalifat diktiert uns also die Bedingungen und die Terminologie des Konflikts: Sagen wir »islamistischer Terrorist«, kann das Kalifat uns postwendend – und seine Propaganda tut genau das – zu verstehen geben, dass es bei uns tatsächlich falsche Muslime gibt, nämlich Apostaten und Renegaten, also genau diejenigen, die wir »islamisch« und nicht »islamistisch« nennen, um sie nicht zu kränken.

Dadurch, dass wir das Kalifat »islamisch« nennen, heben wir gerade das hervor, was das Kalifat verkündet: dass die Muslime in Europa, außerhalb des Islams, falsche Muslime sind, weil sie akzeptieren, dass Ungläubige darüber entscheiden, was als islamisch gilt und was nicht.

Die politische Klasse begeht in ihren Reden aus übergroßer Vorsicht immer wieder denselben Fehler: Sie erklärt, das hier sei nicht der richtige Islam. Was aber berechtigt einen Ungläubigen überhaupt dazu, sich zum theologischen Ratgeber aufzuschwingen, das Gesetz zu verkünden und somit, denn das ist der richtige Begriff, eine *fatwa* zu verkünden? Das ist so lächerlich wie naiv und kontraproduktiv.

Denn wir bestätigen genau das, was die Propaganda des Kalifats uns zu bestätigen aufträgt: Dass alle Muslime, die außerhalb des Islams leben, auch der Grund sind, warum es

Terrorismus vor Ort gibt; und dass man ihnen den rechten Weg weisen muss, nämlich den Weg des Kalifats. Das Kalifat rekrutiert seine Anhänger in Europa, weil gerade dort diese »Korrektur«, wie Mao in Bezug auf die Intellektuellen sagte, und die Rückkehr zum reinen Glauben nottut. Auf dem Territorium des Kalifats ist sie per definitionem nicht nötig, aber außerhalb seines Territoriums ist sie zwingend geboten.

Die Koranisierung der Sprache

Jede Sprache funktioniert nach Gesetzen der Wiedererkennbarkeit. Daher führt jene Unfähigkeit, die richtigen Begriffe zu finden, zu einer zweiten panikartigen Deregulierung des Vokabulars: Die Medien überbieten sich förmlich darin, auf Wörter wie *Islâm*, *Djihâd* oder *Jihad*[13], *Chariâ* oder *Sharîa* Akzente zu setzen, *khilafat* anstelle von Kalifat[14] zu schreiben und zu zweifeln, wie *Allahu akbar* »korrekt« transliteriert wird. Kurz, in einer Anwandlung linguistischer Verwirrung imitieren sie etwas, das immer mehr zu einer parasitären Sprache innerhalb unseres sprachlichen Regelwerkes wird. Daraus folgt die Unterwanderung unserer Sprache durch Laute, die im sprachlichen Code nichts bedeuten: Was heißt »-îʾa«, und wie soll man es aussprechen?

Wachsende Verunsicherung macht sich also breit, wie wir einem Laut ein Wort und einem Wort ein bekanntes Objekt zuordnen sollen, und diese Verunsicherung wirkt sich aus auf die Schlüsselbegriffe, die wir verwenden, um den Feind zu beschreiben.

Das, was sich hier abspielt, ist in Wirklichkeit die Umformung eines bekannten, wiedererkennbaren und normierten Wortschatzes durch eine parasitäre Sprache, die sich unserer sprachlichen Anhaltspunkte bemächtigt und in unserer Diskursgemeinschaft Fuß fasst (siehe Kapitel XI).

Auf diese Weise bildet sich die unterschwellige Organisation einer »Quasi-Sprache«[15]: eine Subsprache, die die allgemeine Sprache unterwandert und neue Ausdrucksformen einführt, die sich festsetzen und wie selbstverständlich verwendet werden. Die Sprache, die die französischen, englischen oder deutschen[16] Soldaten des Kalifats in den sozialen Netzwerken benutzen, die sie in ihren Zeitschriften lesen und in den Videos oder bei den Predigten und Treffen ihrer Gruppen hören, ist in ihrer Diskursgemeinschaft akzeptabel; für unsere Diskursgemeinschaft hingegen handelt es sich dabei um eine parasitäre Sprache.

Diese parasitäre Sprache ergibt sich aus einer »Koranisierung« des öffentlichen Diskurses, die der Koranisierung des politischen Diskurses in den Zeitschriften des Kalifats auf den Fersen folgt. Diese wiederum ist eine absichtliche Wiederbelebung der Koranisierung des Politischen unter dem ersten Kalifat.[17] Der gesamte Wortschatz dieser parasitären Sprache wird von einem linguistischen Code beeinflusst, der durch seine Laute, Wörter und Redewendungen dem französischen Vokabular fremd ist.

Man gelangt dabei an den Punkt, an dem das Kalifat mit dem Mittel der Koranisierung auf Französisch seine eigene Sprache geschaffen hat, eine parasitäre Sprache.

Man muss nur mal das blumige, gute und vollkommen verständliche Französisch (nicht ein einziges Mal wird das Wort »Allah« verwendet) des von den Muslimbrüdern zusammengestellten *Recueil d'avis juridiques*[18] des Europäischen Rats für Fatwa und Forschung (2002) mit der immer unverständlicher werdenden Sprache vergleichen, derer wir uns selbst bedienen, wenn wir vom Terrorismus des Kalifats sprechen; dann wird nämlich deutlich, dass der Gegner die rhetorischen Codes beherrscht und dass er uns, mit unserem Einverständnis, eine parasitäre Sprache aufzwingt, die immer größere Teile des rhetorischen und politischen Feldes besetzt: eine subversive Sprache mit einer ganzen Palette neuer sprachlicher Wendungen, die französisch sprechende Menschen oder Franzosen, die sich dem Kalifat angeschlossen haben, zu sprechen beginnen. Die Lektüre von *Dâr al-Islâm*, der französischen Ausgabe der Zeitschrift des Kalifats, sagt alles. Dieses Phänomen der linguistischen Unterwanderung, die eine ideologische Unterwanderung nach sich zieht, gilt nicht nur für das Französische, sondern auch für andere europäische Sprachen.

Diese subversive Unterwanderung der Sprache hat noch eine weitere Konsequenz: Sie bringt uns dazu, Falschheiten zu sagen und anzuhören.

Die rhetorische Szenerie ist einfach: Ein Dschihadist wird verhaftet, daraufhin wird ein Nachbar befragt und erklärt: »Er war doch so ein unauffälliger junger Mann.« Das Problem liegt darin, dass der Nachbar jene »Subsprache« spricht, die uns unterhalb der Sprache dazu bringt, allen möglichen Unsinn zu sagen, weil sie uns eine unbewusste Norm aufzwingt. Der Nachbar hat die Fähigkeit verloren, beim Sprechen zu denken. Ein englischer Muslim äußerte allen Ernstes, der berühmte Jihadi John sei ein »wundervoller junger Mann« gewesen, ein prima Kerl; zu lesen war außerdem, sein Kamerad Maxime Hauchard sei ein ruhiger junger Typ gewesen.[19] Diese Erklärungen werden von allen Medien in trautem Einklang kritiklos verbreitet. Wer diese Dinge so vorbehaltlos nachplappert, spricht bereits die Sprache des Dschihad.

Eine Nachlässigkeit, die feige ist. Unsere auf dem Gebiet des Sozialen weit verbreitete Bereitschaft, allen anderen kritiklos Respekt zu zollen, macht uns infantil, wenn es darum geht, ein Urteil zu fällen. Dass wir die Rhetorik nur noch schwach beherrschen, zeigt sich in unserer Alltagssprache auch durch die Unfähigkeit, das Schreckliche und Grausame zu benennen: Einfach nur zu sagen »er war ein bisschen beängstigend« wäre bereits eine sprachliche Entgleisung, man würde sich als »phobisch« erweisen. Unsere rhetorischen Codes haben die Waffen gestreckt.

Inwiefern unsere Sprache falsch ist

Der französische Staat erfüllt seine linguistische Funktion nicht mehr. In Frankreich hatte der Staat immer die vornehme Aufgabe, die französische Sprache zu repräsentieren. Das Französische ist eine Staatssprache – vom Edikt von Villiers-Cotterêts, durch das die Republik die Regionalsprachen abschaffte, bis zu den kürzlich erlassenen neuen Rechtschreibregeln für den Unterricht ist in Frankreich der Staat der Verwahrer und Schützer der Sprache.

Die Weigerung, die Dinge beim Namen zu nennen

Wenn Staatsangehörige verhaftet werden, die mit dem Feind gekämpft und an bewaffneten Aktionen teilgenommen haben oder an Hinrichtungen, auch auf französischem Staatsgebiet (Anschlag im Departement Isère im Juni 2015), beteiligt waren, warum sagt man dann nicht einfach, dass sie Verräter sind, egal ob es sich um Zivilisten oder Militärs handelt? Und wenn wir uns wirklich im Krieg befinden, wie unsere Regierung behauptet, warum sagen wir dann nicht, dass sie die Strafe zu gewärtigen haben, die für Verräter vorgesehen ist?[20]

Warum fordert eigentlich niemand, die Adjudantin der Gendarmerie, die den Terroristen Coulibaly bei den Pariser Terrorangriffen im Januar 2015 unterstützt haben soll, müsse des Verrats angeklagt werden? Da wir uns im Krieg befinden und sie obendrein Mitglied des Militärs ist, müsste sie zu lebenslänglicher Haft verurteilt werden.[21] Abu Siad al-Normandy wurde zu einem Jahr Haft ohne Bewährung verurteilt, weil er den Terrorismus verteidigt hatte: Selbst wenn wir uns nicht im Krieg befinden, müsste er für seinen Verrat nicht eigentlich mit 30 Jahren Gefängnis rechnen?[22] Hier geht es nicht um den Buchstaben des Gesetzes, sondern darum, wie der Staat in der politischen Debatte eine Sache behauptet (»ein Krieg der Zivilisation«, »wir sind im Krieg«), durch sein Handeln in Strafverfolgung und Justiz jedoch etwas ganz anderes zum Ausdruck bringt.[23]

Natürlich muss ein Staat auf mehreren rhetorischen Registern spielen. Was aber hier zählt, ist die Rhetorik, für die sich ein Staat entscheidet, wenn er das Offensichtliche nicht ausspricht. Und die Diensteifrigkeit der Medien, die ohne mit der Wimper zu zucken weiter verbreiten, was der Staat sagt, und die nicht aussprechen wollen, wessen sich eigentlich eine Gendarmin, die einen Verrat begeht, ein netter Typ von nebenan, der Verrat begeht, ruhige und unauffällige Franzosen, die zum Feind überlaufen, schuldig machen.[24] Sie sind allesamt Verräter.

Im Deutschen Strafgesetzbuch steht:

(1) Wer es unternimmt, mit Gewalt oder durch Drohung mit Gewalt
   1. den Bestand der Bundesrepublik Deutschland zu beeinträchtigen oder
   2. die auf dem Grundgesetz der Bundesrepublik Deutschland beruhende verfassungsmäßige Ordnung zu ändern, wird mit lebenslanger Freiheitsstrafe oder mit Freiheitsstrafe nicht unter zehn Jahren bestraft.
(2) In minder schweren Fällen ist die Strafe Freiheitsstrafe von einem Jahr bis zu zehn Jahren.[25]

Aber wurde dieses Gesetz im Fall der 760 deutschen Bürger in den Diensten des Kalifats, deren erklärtes Ziel es ist, die politische Gesellschaft, wie wir sie kennen, zu zerstören, und die aus Sicht des Deutschen Strafrechts Hochverrat begehen, bislang je angewendet?

In einem Land, in dem die Medien jedes Wort auf die Goldwaage legen, jeden Satz hinterfragen, bei jedem noch so kleinen Stück Text Haarspalterei betreiben, den Tweet eines Politikers verreißen, ist es schon erstaunlich, dass sich diese ganze sprachliche Expertise in Luft auflöst, wenn es darum geht, einen Verrat beim Namen zu nennen.

Es gilt die Herrschaft über den sprachlichen Code wiederzuerlangen. Die rhetorische Führung wieder zu übernehmen, um den Terrorismus zu benennen. Und der Wohlfühl-Diskurs der Medien müsste den Anfang machen, indem er das tut, was der Staat nicht tun und nicht sagen will.

In einer Kommission der *Assemblée Nationale* ging es in einer Debatte über die Wiedereinführung des Straftatbestands der »Nationalen Unwürdigkeit« unausgesprochen auch um den Begriff des Verrats. In dem langen Bericht darüber kommt der Begriff nur ein einziges Mal vor, und zwar in der folgenden Argumentation:

> Ein Individuum als »Verräter an der Nation« (1789) oder »Vaterlandsverräter« (1793) anzuklagen oder der »nationalen Unwürdigkeit« (1944) für schuldig zu erklären, hatte also nicht nur das Ziel, die Taten, die man diesem Individuum vorwarf, zu benennen, sondern war für die neu an die Macht Gekommenen auch ein Mittel, nachdrücklich und mit der vollen symbolischen Gewalt der gewählten Worte zu unterstreichen, dass der Staat selbst mit denjenigen, die der Allgemeinheit Angst und Schrecken einjagten und für den Staat und seinen Zusammenhalt die größte Bedrohung darstellten, fertig würde. Kurz gesagt ging es für die Staatsmacht in dieser Gründungsphase darum, deutlich zu zeigen, dass sie sich der Bedrohung bewusst war, dass sie alle Maßnahmen ergreifen werde und dass sie sie mit rechtlichen, rechtmäßig eingesetzten Mitteln ahnden werde.[26]

Anders gesagt: Weil (unseren Gesetzgebern zufolge) unser Staat nicht in der »Gründungsphase« ist, jagt die Terrorgefahr der Allgemeinheit auch nicht »Angst und Schrecken« ein und stellt nicht die »größte Bedrohung« dar; obwohl uns der Staat doch andererseits versichert, die Terrorgefahr für Frankreich sei so groß, dass die Armee auf dem Staatsgebiet in Stellung gebracht werden müsse. Man lasse sich die Spitzfindigkeit auf der Zunge zergehen. Unter all den zu Rate gezogenen Experten waren nur Juraprofessoren, kein einziger Philosoph, der ihnen den Sachverhalt unter einem anderen Gesichtspunkt hätte erklären können. So stark ist der Einfluss der parasitären Subsprache.

Die Sprache bewaffnen

Was tun? Es würde zunächst ausreichen, nicht mehr »Allah« zu schreiben, sondern »Gott«, um die islamische Propaganda des Kalifats zu zwingen, einen anderen Begriff zu finden, eine Umschreibung zu gebrauchen, zu erklären, dass man unter ›Gott‹ nicht dieses, sondern jenes versteht. Und man müsste diese Strategie auf alles ausweiten, was parasitär ist (siehe oben). Kurz, man müsste die PR-Leute zwingen, sich des Französischen zu bedienen. So könnten wir ihnen die Aufgabe erschweren und unsererseits linguistische und rhetorische Verwirrung im Feld des Gegners stiften.

Was uns betrifft, müssten wir Schluss machen mit den sprachlichen Panikreaktionen und nur noch ein einziges Wort verwenden: »Kalifat«.

Dieses Wort ist im europäischen Sprachgebrauch klar definiert, es gehört zu unserem Wortschatz, hat teil an einer langen Geschichte, von der man auch dann eine Idee haben kann, wenn man die Einzelheiten nicht kennt. Das Wort evoziert eine Vorstellung; die sprachlichen Regeln stimmen wieder. Deshalb ist es besser, sich dieses Codes zu bedienen und keines anderen.

Gegenüber unserer Diskursgemeinschaft wäre es bereits hinreichend, nicht mehr von »Terrorist«, sondern von »Partisan« und »Soldat« zu sprechen; das Trugbild würde sich auflösen, der

Deckmantel vor der wahren Natur dieser Auseinandersetzung zerreißen: Denn plötzlich wäre die Öffentlichkeit gezwungen, normale und gebräuchliche Wörter zu benutzen, Wörter aus einem allgemein akzeptierten rhetorischen Code, durch den das Wort »Terrorist« seine Außergewöhnlichkeit verlöre; dadurch würden die gebräuchlichen Normen der Sprache wieder in Kraft treten: Angriff, Verteidigung, Sieg, Niederlage, Schlacht, Gefecht, Vergeltungsmaßnahmen, Partisan, Kollaborateur, Gefangener, Erschießung, Kriegsverbrechen, Verräter. Damit würde man die Partisanen und Milizionäre des Kalifats wieder in den Geltungsbereich unserer Normen und Regeln aufnehmen.

Wir sollten über das Kalifat und seine Milizionäre nur in unserer Sprache sprechen und uns jeglicher Arabisierung und Koranisierung unseres Wortschatzes verweigern: Gegenüber den Verlautbarungen des Kalifats würde diese Strategie sämtliche qualifizierenden Ressourcen des Französischen in Gang setzen. Das gilt ebenfalls für die Ressourcen, die, trotz allem, unsere lange intellektuelle Tradition und das griechisch-römische Erbe unserer Begriffe von Recht und Politik bereithalten. Wir sollten eine genaue und folglich anspruchsvolle Sprache sprechen. Eine bewaffnete Sprache.

Wenn wir ausschließlich Französisch oder Englisch oder Deutsch sprechen, werden wir wieder die Oberhand bekommen. Indem wir den Gegner zwingen, in seiner Propaganda wie wir zu sprechen, und nicht indem wir seine Sprache bereitwillig übernehmen. Voraussetzung für dieses rhetorische Wagnis ist die Bereitschaft der Politik.

KAPITEL IV

DAS DIGITALE KALIFAT

Stellen wir uns, ausgehend von einem Satz Montaignes, eine fiktive Szene vor; nachdem er die Religionskriege in der Renaissance erlebt hatte, tat Montaigne angesichts der Eroberung des bald lateinischen Amerikas durch die Konquistadoren, der Zerstörung der autochthonen Kulturen und den mit Musketen erzwungenen Übertritten zum Christentum folgenden Ausruf: »Siege durch Technik!« (*Essais*, III, 6) Sein Argument war, dass Europa mit seiner Absicht, diese götzendienerischen Gesellschaften zu zivilisieren, also zum wahren Glauben zu bekehren, sie vielmehr zerstört hatte, ohne aus ihnen auch nur irgendwie bessere Völker gemacht zu haben. Siege durch Technik, mangels Argumenten mit Feuerwaffen errungen. Ein technischer Terror.

Stellen wir uns also vor: Unter dem ersten wiedereingesetzten Kalifen oder seinem Nachfolger erstreckte sich das Kalifat, dank seines militärischen Könnens auf dem Schlachtfeld, der Schlagkraft seiner Guerilla im Ausland und seiner Kommunikationsstrategie, bis zum Maghreb und der Atlantikküste,[1] bemächtigte sich der lukrativen Gebiete im Süden Algeriens, umginge die zur Nato gehörende Türkei, fasste auf dem islamischen Balkan Fuß (»die letzten Festungen des Islam in Europa«),[2] destabilisierte mit Hilfe der Migrantenströme Italien,[3] setzte sich Richtung Osten im Kaukasus fest,[4] breitete sich nach Indien aus, das einst den mongolischen Muslimen gehörte,[5] und zöge sich bis nach Südostasien[6] hin. Ein Szenario auf der geopolitischen Landkarte, das keine Science-Fiction ist, sondern eine mögliche Zukunftsvision.[7] Die Bauern auf dem Schachbrett wurden bereits in Stellung gebracht.

Stellen wir uns weiter vor, in 30 Jahren schriebe ein muslimischer Montaigne, mit der gebotenen sprachlichen Vorsicht, über den Triumph seiner Religion und die Ausbreitung des Kalifats an der Schwelle Europas und riefe »Siege durch Technik!«. Und er würde daraus folgenden Schluss ziehen: Die Zerstörung der reichen, vielfältigen, kultivierten, entwickelten, aber götzendienerischen und heidnischen westlichen oder verwestlichten Gesellschaften, die in den Kriegen, die sie führten (wie die Azteken und Inkas in den Augen Montaignes) gewiss auch hintertrieben, grausam und unmoralisch gewesen waren, habe sich der »technischen« Überlegenheit verdankt, die das Kalifat über diese Gesellschaften ausübte und nicht dem moralischen Triumph aufgrund der genuinen Überlegenheit der islamischen Kultur (genau so, wie man aus der Eroberung Südamerikas die Überlegenheit der spanischen, christlichen Zivilisation ableiten konnte).

Was soll diese Fiktion? Sie soll vor Augen führen, dass die »Technik« nur scheinbar auf Seiten des Westens ist, der über eine massive, »zielgenaue«[8] Bewaffnung verfügt, und dass in Wahrheit das Kalifat einen »technischen« Vorteil besitzt, und zwar wegen unserer ideologischen Begeisterung für alles Digitale.[9]

Das Werkzeug Internet

Das Kalifat besitzt insofern einen technischen Vorteil, als die Dschihadisten die digitalen Waffen des Terrors besser beherrschen als jeder andere zuvor. Im 21. Jahrhundert bedient man sich nicht Musketen, Rüstungen und Pferden wie die Konquistadoren, sondern des Internets,[10] einer gewaltigen Maschine, einer »nachempfundenen«[11] E-Technik.

Unter den PR-Agenturen des Kalifats richtet sich eine, das von einem effizienten Team geführte Al-Hayat Media Center, besonders an das Ausland; und diese Effizienz beschränkt sich nicht auf das Technische.[12] Vielmehr speist sie sich aus unserer

Überzeugung von der kommunikativen Überlegenheit elektronischer Medien und vor allem aus unserem Glauben an den kognitiven Vorrang der visuellen Medien – eine »technische« Illusion.

Die Propaganda des Kalifats ist deshalb so mächtig, weil sie sich unsere Begeisterung für alles Digitale zunutze macht ebenso wie unsere Auffassung, dass die digitale Technologie uns gehört und wir sie beherrschen.[13] Nach zwei Weltkriegen sollten wir aber eigentlich wissen, dass eine Technologie keinerlei moralischen Wert an sich besitzt. Sie ist vielmehr das Mittel, dessen man sich bedient. Wir glauben, die Technik des Internets, also das narzisstische Facebook, das allgegenwärtige YouTube, der Komfort aller sozialen Netzwerke, sei im Wesen »gut«, weil wir das alles erfunden haben. Aber das Internet ist nichts weiter als ein digitales Werkzeug, dessen sich das Kalifat bedient.

Das ach so raffinierte Internet ist ein Trugbild, das wir selbst geschaffen haben: Es macht uns immer wieder vor, wir besäßen die Herrschaft über die virtuelle Welt und ihre neuropsychologischen Auswirkungen und diese Herrschaft sei Zeichen und Beweis für unsere mehr als technische, nämlich moralische Überlegenheit.

Diese Selbstüberredung würde uns dann zum Vorteil gereichen, wenn wir akzeptieren würden, was dieser digitale Mechanismus – wie jede andere Maschine auch – impliziert: die Nicht-Existenz Gottes, einen radikalen Materialismus, also das bewusste Eingeständnis, dass die Welt nichts weiter ist als ein Rollenspiel und dass wir mit dem Internet, dank seiner rhetorischen Möglichkeiten von Illusion und Virtualität, Gott endlich abgeschafft haben.

Aber nur wenige von uns haben den Mut, zu dieser Überzeugung und zu der Behauptung, dass alles nur Technik und Materie ist, zu stehen. Das Kalifat spielt also einerseits mit unserer Überzeugung, die Maschine gehöre uns und wir verstünden sie besser als alle anderen, und andererseits mit unserer

Unfähigkeit, sich einzugestehen, was uns der Materialismus im Alltag abfordert: einen faktischen Materialismus. Es ist zu bezweifeln, dass die UdSSR die Frage des Kalifats genauso angegangen wäre wie wir.

Diese Schwäche bzw. unsere Illusion, die Propaganda sei mächtig, weil sie digital funktioniert, ermöglicht die Macht des Kalifats; denn diese Propaganda behauptet, nimmt für sich in Anspruch, preist an, sie mache nur darum Gebrauch vom Internet und seiner Technik, um einer Sache zum Triumph zu verhelfen, die uns – und das ist das Paradoxe daran – merkwürdig, archaisch, primitiv und »mittelalterlich« vorkommt: die aktive und entschiedene Verteidigung Gottes.

Weil wir den Materialismus, auf dem unser ganzer Lebensstil beruht, nicht akzeptieren, sind wir hin- und hergerissen zwischen unserer Faszination für die digitale Welt und unserer Überzeugung, das Kalifat sei zurückgeblieben, ungebärdig und mittelalterlich. Wie kann aber ein Regime, das als zurückgeblieben gilt, gleichzeitig hypermodern sein?

Diese Paradoxie verwirrt und fasziniert uns zugleich, also nehmen wir Zuflucht zum ungeschicktesten aller möglichen Gegenangriffe: Wir imitieren die Mittel des Terrors, weil wir weder dem Terror mit Terror begegnen noch dem militanten und militärischen Islam einen überlegenen oder gleichwertigen religiösen Glauben entgegensetzen können. Und im Augenblick haben wir auch nicht die militärische Schlagkraft, die in diesem Fall wahrscheinlich dazu führen würde, einen gnadenlosen Krieg akzeptieren zu müssen (siehe Kapitel XIII).

Wie aber können wir das Digitale zum Gegenangriff einsetzen?

Der Videoclip *Stop-Djihadisme* oder der Irrweg

Wir kontern also die digitale Rhetorik des Kalifats mit einer schlechten Imitation.

Ein gutes Beispiel dafür ist der erste antidschihadistische Videoclip, den die PR-Spezialisten des Antiterrorkampfes in Frankreich produziert haben.[14] Das Video hat eine Länge von 1 Minute und 50 Sekunden. Die optimale Länge eines Clips beträgt 3 Minuten, es bleibt also innerhalb der Norm. Der Clip ist wie folgt aufgebaut: 23 Sekunden Anfangssequenz, um Aufmerksamkeit zu wecken; vier argumentative Abschnitte à jeweils 19 Sekunden, bestehend aus einer ersten Botschaft, einem Zwischenclip, einer zweiten Botschaft und einer abschließenden Botschaft à 6 Sekunden; 5 Sekunden institutionelle Logos und Links.

Gleich in der Anfangssequenz taucht ein problematischer Satz auf: Der Betrachter des Clips wird in die Position eines »Jugendlichen« versetzt, der im Netz auf der Suche nach Informationen über den Dschihad ist – und natürlich fühlt man sich sofort an Facebook erinnert. Während er surft, werden die Bilder immer grausamer, suggerieren also eine immer präzisere Recherche dieses fiktiven Users und kulminieren in einer Enthauptung (bei 7″). Bei 0′ 14″ wird derjenige, der bis dahin drangeblieben ist, direkt angesprochen, begleitet durch ein Tonsignal, das ihm den Eingang einer neuen Nachricht ankündigt: »Ey, ich hab Freunde, Lan, die kämpfen da. Kontakte dich.«

Erstes Problem: An wen richtet sich das Video eigentlich? Erinnern wir uns, dass der Clip zwar fiktiv ist, aber ins Internet gestellt wurde, damit ein Jugendlicher ihn beim Surfen im Internet findet und für einen echten Clip hält, zumindest einige Sekunden lang, bis die abschreckende Argumentation darauf aufbauen kann. Damit soll verhindert werden, dass das Szenario des Clips sofort eine kritische Reaktion hervorruft, falls der

User wirklich rekrutiert werden will. Und wenn der Jugendliche sich bloß informieren möchte, hätte er sein Ziel ebenfalls erreicht.

Das Problem für den Empfänger (den Jugendlichen) ist, dass er nur dann von einem gutgläubigen Empfänger zu einem kritischen werden kann, wenn alle Elemente zusammenkommen, die einen solchen Gesinnungswechsel möglich machen.

Als erstes Element kommt die Sprache ins Spiel, die der fiktive Sender gebraucht (derjenige, der im Clip dem Jugendlichen, wie in einer realen Situation, eine Nachricht schickt). Ohne Bild, ohne *face*, erkennt man die Existenz dieses Absenders (vermutlich ein Rekrutierer) nur an seiner Sprache; allein von ihr hängt seine Glaubwürdigkeit ab. Der Jugendliche, der beim Surfen auf diesen Clip stößt, muss in diesem Satz die Sprache echter Rekrutierer wiedererkennen oder, falls er zuerst den Clip sieht und dann erst von einem Rekrutierer angesprochen wird, eben diese »Wiedererkennung« leisten.

In der Linguistik besteht eine grundlegende Unterscheidung zwischen »langue«, Sprache, und »parole«, Sprechweise oder Rede: Entsprechend gibt es eine dschihadistische Sprache des »Kalifats«, die Schlüsselbegriffe, grammatikalische Regeln, Phrasen enthält, kurz eine allgemeine Rhetorik. Und dann gibt es eine dschihadistische Sprechweise, die sich von Gruppe zu Gruppe, ja von Individuum zu Individuum unterscheidet (je nach Bildungsniveau, Alter und Internetaffinität), was jegliche Recherche sehr mühsam macht: Dieses Zitat ist ein künstlich erzeugtes Beispiel für diese Sprechweisen. Man darf die beiden nicht miteinander verwechseln.

Bis zu diesem Moment bewegten wir uns während der fiktiven Recherche desjenigen, den der Clip hinter seinem Bildschirm platziert hat, also durch die Abfolge von Bildern, Nachrichten, Posts etc., in der Sprache der Dschihadisten, im allgemeinen rhetorischen Milieu des Dschihad. Mit diesem Zitat aber wird Sprache gesprochen, es handelt sich um eine individuelle sprachliche Äußerung: Eine reale Person (der Absender) richtet sich angeblich direkt und persönlich an einen Empfänger, den »Jugendlichen«.

Und hier kommt es zum ersten Irrtum: In dem Zitat wird übertrieben, es gibt zu viel »cool, krass, Lan, ey«. Wir dürfen nicht vergessen, der Clip richtet sich an Jugendliche in exakt derselben Situation, die der Clip in der Anfangssequenz inszeniert. Wären Sie dieser Jugendliche und läsen Sie dieses Zitat, entspräche Ihre Redeweise dann genau der des fiktiven Rekrutierers, der selbst die angebliche Sprechweise eines Jugendlichen imitiert? Wahrscheinlich nicht. Nicht ganz. So jedenfalls nicht.

Das Szenario wäre wirkungsvoller, wenn der fiktive Rekrutierer stattdessen eine unerwartete Sprache gebrauchen würde, die die Aufmerksamkeit des Jugendlichen und potentiellen Rekruten wecken könnte, also eher die gehobene, noble, sakrale Sprache des Kalifen statt der Wortfetzen eines Phantasiejugendlichen.

Gleich zu Beginn der Anfangssequenz wird der Hinweis »–12« eingeblendet. Der Clip ist nicht geeignet für Jugendliche unter zwölf Jahren. Stellen Sie sich vor, Sie wären derjenige, an den der Clip sich richtet und den der Clip in Szene setzt: Wären Sie jünger als zwölf Jahre, würden Sie jetzt einfach brav den Laptop zuklappen?

Eine schwerwiegende semiotische Entgleisung: Wenn bei 0′07″ das grausame Bild einer Enthauptung zu sehen ist (eine Szene, die sonst in den französischen Medien nicht zu sehen ist), erscheint kein Hinweis »–12« auf dem Clip. Also (ich bleibe immer noch in der Fiktion, die die Antiterrorbehörde mir, dem potentiellen jungen Dschihadisten, anbietet) darf ich mit elf Jahren ein Bild betrachten, das die meisten Erwachsenen wohl kaum finden dürften und dessen Anblick sie, falls sie es fänden, kaum ertragen könnten, so ekelerregend ist es: Ich als Elfjähriger sehe einen Kämpfer des Kalifats, der einen Gefangenen enthauptet. Ich Elfjähriger bin privilegiert. Um das zu spüren, muss ich nur den Clip sehen. Es ist zumindest eigenartig: Inwiefern und wofür ist ein unter Zwölfjähriger weniger empfänglich als ein über Zwölfjähriger? Der Clip tappt in seine eigene Falle.

Wie dem auch sei, diese semiotische Entgleisung wiegt schwer: Tatsächlich ist das Opfer in dem Clip nicht offensichtlich ein Syrer. Die vier folgenden Abschnitte bauen aber ihre abschreckende Argumentation darauf auf, dass in Wahrheit die Syrer die eigentlichen Opfer des Kalifats sind: Der junge potentielle Dschihadist wird die Bilder (von Kreuzigungen, enthaupteten Leichen etc., von da an zensiert und abgedunkelt) lokaler Opfer sehen, jener Syrer, denen der Jugendliche angeblich helfen will, wenn er sich der Miliz des Kalifats anschließt. Wenn aber der Jugendliche, so unterstellt es die Fiktion des Clips, ein kundiger Internetsurfer ist, wird der kognitive Prozess, der sich beim Surfen abspielt, eine Verstärkung der Empfindungen und ein um ein Vielfaches gesteigertes visuelles Gedächtnis, ihn bereits davor gewarnt haben, dass etwas nicht stimmt. Gerade weil die Wort- und Bildsprache des Kalifats imitiert werden soll, kommt es zu jeder Menge von Fehlurteilen.

Ästhetisierung des Terrorismus

Es kommt aber noch schlimmer: Irgendjemand hat die Entscheidung getroffen, den Feind in den vier folgenden jeweils 19 Sekunden langen Sequenzen, die jeweils nach demselben dreiteiligen Schema gegliedert sind, zu ästhetisieren.

Zunächst ein Slogan in gelben Buchstaben, als direkte Ansprache (z. B. bei 24″: »Schließ dich uns an, du verteidigst die gerechte Sache«) jeweils mit einem vorangestellten Aussagesatz (Beispiel aus derselben Sequenz: »Sie sagen dir …«). Beide Schriftzüge liegen über einem Clip, der Milizionäre des Kalifats in makelloser schwarzer Kampfmontur zeigt; sie posieren vor einer größeren Gruppe Muslime, wiederum vor goldgelbem Hintergrund.

Ein schönes Bild: prächtiger Kontrast zwischen Tiefschwarz und Goldgelb, die Dschihadisten wirken diszipliniert wie Soldaten in Reih und Glied. Die Bildebenen sind gekonnt aufgebaut: vorne die Verteidiger des Volkes, dahinter die Menschenmenge, die beschützt werden soll, darüber wehen die Fahnen, die sie vereinen, alles zusammen in Gold getaucht. Wir wissen nicht, ob diese Aufnahme echt ist oder die Montage von PR-Spezialisten, aber falls es sich um eine Montage handelt – und so wird es wohl sein –, muss man sie beglückwünschen, dass sie dem Bösen zu solcher Schönheit verholfen haben.

Dann unterbricht bei 25″ ein hässliches Störgeräusch den schönen orientalischen Singsang (auf der Tonspur), das Bild färbt sich schwarz-weiß, schmutziggrau, vor dem Hintergrund der Exekutionsvideos blitzt dreimal ein kurzer Slogan auf und bleibt schließlich stehen, begleitet von einer düsteren Totenglocke (Tonspur, von 34″ bis 43″): »Aber in Wahrheit wirst du in der Hölle landen und einsam, fern der Heimat sterben.«

Bezogen auf die sogenannte phatische Funktion der Sprache (die mit »Hallo« und »Hörst du mich?« dafür sorgt, dass Kommunikation zustande kommt) ist das ein echter Fauxpas: Hier muss man sich fragen, welche Funktion eigentlich das störende Blinken der Botschaft haben soll, im Einklang mit dem Immergrauer-Werden der schwarz-goldenen Bilder und dem Störgeräusch auf der Tonspur. Das Blinken ist ein Signal, das in der Kommunikationstheorie als phatische Funktion bezeichnet wird. Das Unterbrechen des schönen Gesangs (ein *Naschid*) durch das nervende Störgeräusch hingegen signalisiert dem jungen Zuschauer und Zuhörer, dass ein Außenstehender zugegen ist, ein Störer, ein Feind und Mithörer.

Eigentlich soll die dreifache Unterbrechung den Jugendlichen in die heilsame Realität zurückrufen. Diese Realität aber, die den Wahrnehmungsfluss abrupt unterbricht, signalisiert dem Jugendlichen, dass er in einer feindlichen Umgebung abgehört und observiert wird.

Es hätte andere Möglichkeiten gegeben, die Schönheit der Bilder und die Schönheit des Gesangs zu unterbrechen. Aber weil die PR-Spezialisten sich bereits entschieden hatten, den Feind zu ästhetisieren, gab es für sie keinen anderen Ausweg, als die Situation auf diese Art aufzulösen: Störgeräusch, Schwarz-Weiß, Totenglocke. Falscher Einsatz der phatischen Funktion.

Wenn wirklich der erste Eindruck zählt, ist es so gut wie sicher, dass der »über zwölfjährige« Jugendliche, der den Clip der Terrorismusbekämpfer für einen richtigen Dschihadisten-Clip halten soll (denn das ist das Ziel der Fiktion des Clips), dass dieser Jugendliche sich denkt: »Der Anfang war geil, aber die Bullen sind krass bescheuert.« (Falls sie wirklich so sprechen, wie sich das die Macher in der Behörde vorstellen.)

Wie konnte ein solcher Fehler passieren?

Irrtum bezüglich der Kommunikationsachsen

Die Produzenten des Clips haben eine weitere Regel der Semiotik außer Acht gelassen, die man in den Seminaren der Kommunikationswissenschaft seit den ersten Arbeiten von Roland Barthes mantraartig wiederholt; diese Regel lautet, dass ein sprachliches Bild auf zwei Achsen funktioniert: einer horizontalen Achse (die chronologische Abfolge der Wörter und Bilder) und einer vertikalen Achse (die Art und Weise, in der jedes Wort oder jede Einstellung das Ergebnis einer Auswahl ist, einer Permutation innerhalb desselben Paradigmas oder derselben semantischen Kategorie: zum Beispiel permutiert »Schmöker« mit »Buch«).

Daraus folgt, dass auch ein Bild auf zwei Achsen funktioniert: Es ist ein Moment in einem Film, eine Einstellung, die der Jugendliche, der in Versuchung ist, sich den dschihadistischen

Milizionären anzuschließen, mit einem Klick anhalten kann (der Ablauf des Films gefriert zu genau diesem Bild); und ebenso die Möglichkeit einer Permutation mit dem, was nicht mehr da ist, was durch das Anhalten des Bildes verschwunden ist. In unserem Fall betrachte ich, also dieser Jugendliche, das traurige graue Bild, mit dem man mir mitteilt »du wirst einsam sterben«, während in meinem Kopfhörer der Schlag der Totenglocke einer Kirche ertönt, und ersetze es sogleich mit einem anderen eindrucksvollen Video, das ich beim Surfen auf YouTube entdeckt habe, und sage mir: Das ist das wahre Leben! Da ist die Schönheit der Welt! Da ist der Zauber! Nicht hier.

Die PR-Experten haben über solche Wirkungen der Permutation einfach nicht nachgedacht. Sie haben nur die lineare Abfolge der Bilder, Töne und Slogans beachtet, die banale horizontale Achse der Kommunikation, auf der sich Einstellung an Einstellung reiht. Sie haben Quantität produziert, keine Qualität.

Hin und wieder unterlaufen ihnen in ihrem Film weitere kleine Fehler, zum Beispiel in der dritten Sequenz (bei 1′16″), als die abschreckend gemeinte Botschaft ausgerechnet vor dem Hintergrund eines Kreuzes zu sehen ist. Zuerst die Kirchenglocke, jetzt das Kreuz. Lacan sagte, das Unbewusste sei unfehlbar: Es ist der Fehler, den man nicht bemerkt. Die christlichen Symbole sind ein perfektes Beispiel dafür.

Die Macher des Clips müssen sich den Vorwurf gefallen lassen, mit den intellektuellen Werkzeugen ihres Berufs – der Unterscheidung zwischen Sender und Empfänger, der Spannung zwischen Sprache und Sprechweise, dem Spiel der Sprachachsen – schlecht umgegangen zu sein. Sie haben den Fehler gemacht, den Gegner zu ästhetisieren, weil sie schöne Bilder zeigen wollten. Dabei ist ein solcher Clip die Fortführung des Krieges mit anderen Mitteln, man will damit keinen Filmpreis gewinnen. Und sie haben noch einen Fehler begangen: Sie haben nicht versucht zu ergründen, was einen vom Dschihadismus in Versuchung geführten Jugendlichen eigentlich bewegt, beschäftigt und begeistert: Ein Rhetoriker würde sie gerne daran erinnern, dass eine Botschaft nur dann überzeugen kann, wenn sie zunächst ihr Publikum zu einem bestimmten Zeitpunkt in einem gegebenen Kontext genau eingegrenzt hat und dann diese drei Ebenen nach diesen drei Kriterien exakt aufeinander abstimmt: Sachgehalt, emotionale Auslöser, der Wunsch nach Übereinstimmung mit Werten.

Nichts für Idioten

Der fundamentale Fehler dieses Videos liegt aber offensichtlich in der herrschenden politischen Meinung begründet (das heißt im Leitfaden der Regierung, an den sich das Video hält), nämlich in der Weigerung, den Dschihadismus als etwas anderes zu sehen als eine Krankheit von Idioten.[15] Dabei wissen wir bereits, dass die raffinierte Machart dieser Videos und die Qualität von Zeitschriften wie *Dâr al-Islâm* auf Französisch oder *Dabiq* auf Englisch und Deutsch[16] sich an intelligente und gebildete Jugendliche richtet, die über ein gutes kulturelles und materielles Kapital verfügen, an aufmerksame Leser auf der Suche nach überzeugenden Argumenten und sorgfältig entwickelten Ideen (die siebte Ausgabe der *Dabiq* umfasst allein 83 Seiten): neben vielen anderen die drei fleißigen englischen Gymnasiastinnen, die zum Kalifat überliefen, der diplomierte Informatiker Emwazi,[17] der bei den ersten Schlachtungen medienwirksame Reden schwang, der junge australische Krankenhausarzt,[18] der beschloss, seinen Beruf dort auszuüben, wo seine Überzeugungen es erforderten.

Im Gegensatz dazu spricht der Clip des Geheimdienstes Idioten oder Ahnungslose an.[19] Die Propaganda des Kalifats ist für kluge junge Menschen gemacht, die einen reflektierten Wunsch nach Heroismus und Grenzüberschreitung hegen.[20]

Man muss nur ihre Nachrichten in den sozialen Netzwerken[21] lesen oder die Briefe, in denen die beiden jungen Milizionäre Jake Bilardi[22] und Elton Ibrahim Simpson, der texanische Terrorist,[23] ihre Konversion beschreiben, um ermessen zu können, wie weit entfernt sie von den dümmlichen Internet-Surfern sind, die sich die Gegenpropaganda vorstellt. Diese Jugendlichen haben persönliche Epiphanien erlebt. Die beiden englischen Terroristen Adebolajo und Adebowale entstammten ebenfalls der Mittelschicht, sie waren gebildet und standen nicht in dem Verdacht, anfällig für Ideologien zu sein. Möglicherweise wäre der »katholische« Terrorist McVeigh, der das Attentat 1995 in Oklahoma City verübte (168 Tote; hingerichtet 2001), zum Islam konvertiert und hätte sich dem Kalifat angeschlossen, wäre er jetzt groß geworden – eine seiner Schriften, in der er die Invasion in den Irak verurteilt, weist bereits in diese Richtung. Auf solche persönlichen Lebenswege haben die verkürzten und zensierten (siehe Kapitel VI) Videos und die Zeitschriften, die die Kommunikationsabteilung des Kalifats herausgibt, praktisch keinen Einfluss.

Demnächst wird die Arbeit – falls die Zensur ihre Verbreitung nicht verhindert – eines jungen französischen Milizionärs des Kalifats erscheinen, der auf einer der Eliteschulen Louis-le-Grand oder Henri-IV geht; es wird kein Aufsatz sein, wie man ihn als Klassenarbeit verfasst, sondern erst zu einem Zeitpunkt, wenn Intelligenz und Handeln zusammenkommen.

Eine asymmetrische Rhetorik

Gegenüber dem Kalifat befinden wir uns also in einer asymmetrischen Position.

Sind wir verblödet?

Auf ein Rekrutierungsvideo reagiert man nicht mit der Kopie eines solchen Videos. Die Verbrennung eines Piloten kommentiert man nicht mit dem Aufschrei »Die Rache wird schrecklich sein« – diese Rache bestünde nur darin, bereits Vorverurteilte zu exekutieren, als wäre es Rache, ein Gerichtsurteil zu vollstrecken.

Auf das Massaker von Boston reagiert man nicht dadurch, dass man im Gerichtssaal und vor dem Terroristen, dem teilnahmslosen Todesengel Zarnajew, Opfer auftreten lässt, die erzählen, wie sich ihr Leben durch das fehlende Bein verändert hat. Man bekämpft die Rekrutierung nicht dadurch, dass man aus dem Flugzeug Handzettel abwirft wie damals über den Schützengräben, ausgerechnet Flugblätter im Stil eines amerikanischen Comics.[24]

Filmen von Schlachtungen begegnet man nicht dadurch, dass man hier und da Passagen aus dem Video herausschneidet, um die Öffentlichkeit nicht zu »verletzen«, kurz, indem man das Opfer oder den Märtyrer symbolisch ein weiteres Mal tötet, weil man verhindert, dass seine Qual wirklich allen bekannt wird: Einer Montage mit einer anderen Montage zu begegnen ist falsch.

Sind wir zu Idioten geworden (Idiot im eigentlichen Wortsinn ist jemand, der sich in seinem Idiom, seiner eigenen Welt und Sprache, einschließt)?

Natürlich nicht, wir haben uns bloß in eine asymmetrische Lage gebracht.

Propaganda und Ablenkung

Wir sind fasziniert von dem Spiegel, den uns unsere Abhängigkeit von der E-Kommunikation vorhält, und bemerken nicht, dass es sich bei diesen Videos um Videos handelt, die mit unseren Gefühlen spielen. Während hinter dem Spiegel die direkte Rekrutierung stattfindet, Gebiete erobert werden und der berühmte »Sieg über die Herzen und Köpfe« geschieht, der unseren Kommunikationsstrategen lieb und teuer ist; aber das ist nicht unser Sieg, sondern der Sieg des Kalifats, das tausendfach Herzen und Köpfe für seine Sache gewinnt. Wenn es stimmt, dass Politik eine Sache der »Berufung« ist, dann ist die politische Berufung hier ganz eindeutig auf Seiten des Kalifats.[25]

Was die sozialen Netzwerke angeht, weiß man inzwischen, dass die Twitterkonten dschihadistischer Soldaten westlicher Herkunft keine wesentlichen Quellen für die Rekrutierung sind.[26] Vielmehr handelt es sich dabei notwendigerweise um kurze apologetische Aussagen, und die Soldaten des Kalifen erwähnen in ihnen nur selten die Opfer der Hinrichtungen. Vielmehr feiern sie Helden und beispielhafte Milizionäre, sie verherrlichen das Martyrium und die Zusammengehörigkeit im Kampf. Diese knappen Wortwechsel sind keine Propaganda: Sie entsprechen nicht den Regeln irgendeiner strategischen Kommunikation.[27]

Andererseits ist mittlerweile bekannt, dass Rekrutierung sich vor allem außerhalb der sozialen Netzwerke (*out of network*) abspielt und dass man die Beteiligten nur in den Untergrund abdrängt, wenn man Konten schließt oder überwacht; man zwingt sie in den Schatten, ins Versteck, drängt sie aus den sozialen Netzwerken hinaus. Als sich drei englische Gymnasiastinnen auf den Weg in das Kalifat gemacht hatten, ließ der Vater der einen postwendend eine Philippika gegen die englische Regierung, die Schulen und die Marginalisierung los. Inzwischen weiß man aber, dass er persönlich seine Tochter zum Dschihadismus verleitet hatte: durch direkte Rekrutierung, in anderen Worten: durch persönliche Überzeugungsarbeit.

Die Videos und Zeitschriften, auf die sich die Gegenpropaganda eingeschossen hat, um zu zeigen, dass man »etwas tut«, etwas Modernes und Digitales nämlich, sind also einerseits nur

Listen und Ablenkungsmanöver, um Operationen auf dem Boden und im Verborgenen zu verschleiern. Andererseits konstituieren sie eine Bibliothek, die in der Vorstellungswelt des Kalifats mit den Worten und Taten des kriegerischen Islam in Verbindung steht, angefangen mit der ersten Eroberung von Damaskus vor 1400 Jahren.[28] Das alles sind blendende Täuschungsmanöver, die uns in eine asymmetrische Position versetzen.

Mit dem Ergebnis, dass es tatsächlich eine Asymmetrie in der Haltung zwischen der Kommunikation des Kalifats und unserer, der Gegenpropaganda, gibt. Diese Bilanz ließe sich auch auf die deutsche Kommunikationsstrategie gegen den Salafismus anwenden. Normalerweise[29] beginnt eine *Stratcom*-Kampagne mit der Definition des Ziels und endet mit einer abschließenden Einschätzung; dazwischen werden Zielgruppen ausgemacht und analysiert und Maßnahmen entworfen.[30] Offensichtlich ist in diesem Fall nichts dergleichen geschehen.

Um es anders zu sagen: In der E-Technik Internet verlegt sich das Kalifat auf Qualität, wir hingegen legen Wert auf Quantität. Das Kalifat setzt auf Heroismus, wir setzen auf Prävention. Es setzt auf das Ideal, wir setzen auf den Durchschnitt. Es setzt auf Transzendenz, wir setzen auf die Mittelschicht. Es setzt auf den Wert, wir setzen auf Werte. Wir wollen uns »in die Lage versetzen«, das Kalifat setzt sich Ziele.

Es ist an der Zeit, kreativ zu werden, statt auf »Siege durch Technik« zu hoffen.

KAPITEL V

STARKE REDE GEGEN SCHWACHE REDE

Sprechen stellt ein Kräfteverhältnis her – so lautet eine Zwischenbilanz dieses Buches.

Warum also ist die Sprache des Dschihad bzw. des Kalifats so aufrüttelnd, was macht sie so anziehend, dass sie zu begeisterten Konversionen führt? Und beim Gegner nur Sarkasmus, Schimpftiraden oder eine morbide, neiderfüllte Faszination hervorruft?

Warum fühlen wir uns angesichts dieser Kraft so schwach?

Will man verstehen, wie sich dieses Kräfteverhältnis zusammensetzt, das eine Sprechweise wie die des Kalifats erzeugt, gilt es zwei Punkte zu diskutieren im Rahmen der Frage, wie diese Sprechweise als Vermittlerin zwischen Starken und Schwachen agiert. Eine Frage, die sich seit den Anfängen der politischen Überredungskunst stellt und der zwei Ursprungsszenarien zugrunde liegen.

Das rhetorische Ultimatum

Die Athener, einst die Macht in Griechenland, waren große Liebhaber der Debatte und der Rhetorik – Demokratie wird definiert als eine Gesellschaft, die sich durch die politische Debatte organisiert, mit der aristotelischen *Rhetorik* als Lehrbuch. In ihren Beziehungen zu ausländischen, asiatischen oder griechischen, Mächten verhielten sie sich jedoch anders. Da verfügten sie über ein ganzes Waffenarsenal. Gegenüber den Persern, der orientalischen, asiatischen Macht – die in vieler

Hinsicht die »Schreckerregenden« von damals waren – erklärten sie, diese Barbaren seien unfähig zum politischen Dialog (weil sie nicht Griechisch sprachen), sie gehorchten nur dem strengen Befehl und müssten sich schweigend unterwerfen. Folglich waren die Perser unfähig zur »Politik«. Die Athener ergänzten: »Natürlich kann ein asiatischer Barbar zu uns kommen, seine bunten Kleider ablegen, sich den gekräuselten Bart stutzen, unser schlichtes Gewand anlegen und unsere Manieren annehmen, aufhören, mit Kehlgeräuschen zu sprechen, und unsere sanfte Sprache lernen, aber im Geiste ist und bleibt er ein Barbar.« Daraus zogen sie den Schluss: »Sei auf der Hut, der Barbar oder Einwanderer hat die Fähigkeit, uns nachzumachen. Unsere Schwäche liegt darin, dass wir diese Masche vergessen. Gegen die Perser gibt es nur Krieg bis zum Tod und keinerlei Bewunderung für Menschen, die zur Politik unfähig sind, aber sich gut auf Mimik verstehen.«

Gegenüber den anderen griechischen Städten, denen sie schlecht alle rhetorischen Fähigkeiten absprechen konnten, weil sie ja ebenfalls Griechen waren, setzten die Athener die Redekunst und die politische Sprache anders ein: Sie sagten den Städten, die sie annektieren wollten, ohne Umschweife, ihre Armee brächte zwei Göttinnen mit: Gewalt und Überredung.[1] Sie bildeten einen Belagerungsring um die Stadtmauern und schickten Unterhändler aus, die ungefähr folgende Rede hielten:

Bei uns, unter uns finden wir den demokratischen Dialog und den freien Meinungsaustausch wünschenswert, aber nicht mit euch; ihr seid nicht wir. Aber weil ihr Griechen seid wie wir, wollt ihr gerne darüber debattieren. Wir werden euch unter euch demokratisch über diese Wahl debattieren lassen, denn ihr seid Griechen, verständig und fähig, eine politische Entscheidung gemeinsam zu treffen; es ist also an euch zu entscheiden, ob ihr vom Argument der Göttin Überredungskunst überzeugt werden wollt, dass der Schwache der Gewalt weichen soll; es ist an euch zu diskutieren und mit Argumenten zu entscheiden, ob ihr im, übrigens lächerlichen, Namen dessen, was ihr eure Ehre, Identität, Kultur nennt, zerstört werden wollt, im Namen all dessen, was sowieso nicht mehr existieren wird, wenn wir euch vernichtet haben werden. Oder ob ihr euch unterwerfen wollt, am Leben bleibt und eure kulturellen und materiellen Güter in unser Imperium eingliedern wollt. Diskutiert und wählt. Ihr dürft wählen, ob ihr unter der Göttin Gewalt vergehen oder die Göttin Überredung akzeptieren wollt, die euch sagt, dass der Schwächere immer das Gesetz des Stärkeren hinnehmen muss.

So verstanden die Athener ihre internationalen Beziehungen. Gegenüber den Barbaren: Kampf auf den Tod, falls der Konflikt unausweichlich ist. Gegenüber den Griechen: Der Schwächere muss nachgeben, aber man gibt ihm die Möglichkeit, intern, allerdings nicht zu lange, zu debattieren, wie sie den Pöbel dazu bringen wollen, die politische Entscheidung anzunehmen oder abzulehnen.

Ein solches Ultimatum macht den Schwächeren verantwortlich für die Gründe der Wahl, die ihm der Stärkere aufgezwungen hat. Die Gewalt äußert ihren Standpunkt und lässt dann der Überredung Zeit, ihr Werk zu verrichten, damit diejenigen, die entweder untergehen oder sich unterwerfen müssen, Rechtfertigungen und Erklärungen für ihre Entscheidung finden. Die rhetorische Verantwortung dafür liegt bei ihnen.

Diese ursprüngliche Diplomatie hinter den Kulissen gehörte noch bis zum Ersten Weltkrieg zum Arsenal der Beziehungen zwischen den europäischen Staaten, die Episode aus dem antiken Griechenland war bekannt, wurde zitiert und eingesetzt. Staatsmänner, die damals noch altphilologisch gebildet waren, bezogen sich darauf. Und das Beispiel diente ihnen sogar als Argument an den Verhandlungstischen.

Der alles beherrschende Dialog

Seit dem Völkerbund gilt der Dialog zwischen Staaten mindestens (und in der Praxis) als Mittel gegen den Gebrauch von Gewalt und im besten Fall (als Ideal) als Gegengift gegen den Krieg.

Vor dem Völkerbund war der politische Dialog auf internationaler Ebene, also die Diplomatie, ein Schmiermittel, das der Maschinerie die Arbeit erleichterte, einer Maschinerie, die eine Kriegsmaschine war und blieb, immer bereit, zu den Waffen zu greifen: Man führte Gespräche, um Zeit zu gewinnen, zu täuschen, Listen anzuwenden. Die Gewalt hatte Vorrang vor der Überredung.

Seit einem Jahrhundert sollen sich angeblich die Verhältnisse geändert haben. Der Dialog ist nicht mehr das Schmiermittel, er ist der Treibstoff, er hält sämtliche Verwaltungsmaschinen der politischen Sphäre, die seither eingerichtet wurden (UNO, EU, Blockfreie Staaten, sogar die nicht mehr existente Komintern, die ganze Palette der weltweiten NGOs etc.) am Laufen, und diese Maschinen wurden für den Dialog fabriziert (auf der Seite der Unternehmen gilt das ebenfalls, von der OPEC bis zu den Ratingagenturen). Von da an sollte die Göttin der Überredung die Göttin der Gewalt lenken.

Aber das ist eine Illusion.

Die westlichen Länder verhalten sich wie die Athener: Sie setzen ihre Ansichten durch Bombardements und Invasionen durch und zeigen sich gleichzeitig gesprächsbereit. Seit dem Bombardement des aufsässigen Staates Serbien durch die NATO, hat die Gewalt wieder die Oberhand gewonnen. Aber mit einem Unterschied, den die Athener nur mild belächelt hätten: Wir erklären dem Schwächeren (Serbien, Irak, Libyen) warum wir moralisch verpflichtet sind, zu diesem extremen Mittel zu greifen. Man sichert sich mit UNO-Debatten ab. Wir ergreifen alle möglichen rednerischen Vorsichtsmaßnahmen, damit wir uns an die seit einem Jahrhundert festgelegte Regel halten, der zufolge das Prinzip der internationalen Politik der Dialog ist. Wir verstehen Gewalt als letzte Zuflucht der Überredung, und sobald man den Abweichler unterworfen hat, bietet man ein ganzes System an überzeugender Propaganda auf, also eine *Stratcom*-Kampagne, um »Herzen und Köpfe zu gewinnen«[2] – so geschehen in den verwüsteten Ländern Irak und Afghanistan. Man muss denen, die man misshandelt hat, zeigen, dass alles nur zu ihrem Besten geschah. Der humanitäre Dialog folgt dem bewaffneten Überfall auf dem Fuß. Dann hat die Überredung wieder den Vorrang.

Seit einem Jahrhundert leben wir in einer Welt – oder behaupten es zumindest –, in der alles durch den Dialog gelöst werden kann. Der Dialog steht bei all unseren politischen Verhandlungen und Geschäften, innen- wie außenpolitisch, an erster Stelle.

Innenpolitisch ist der Dialog zum vierten Wert der Französischen Republik aufgestiegen: Freiheit, Gleichheit, Brüderlichkeit, Dialog. Hierbei handelt es sich inzwischen um paneuropäische oder pandemokratische Motive, wie man nach den Attentaten von Paris im November 2015 feststellen konnte. Europa und die ganze westliche Welt konnten sich in diesen Schlagwörtern wiedererkennen, die doch eigentlich Befehle sind. Alle sprechen miteinander, von der Schule bis zum Parlament, vom Sporttrainer bis zur Reality-Show, vom Personalchef bis zum netten Polizisten, von den Sozialpartnern bis zu den Kirchen. Nichts wird protokolliert, ohne dass vorher »ein Gespräch geführt« wurde. Laut der Gesetzgebung begleitet der Dialog die Arbeit des Gesetzgebers.[3]

Das ganze rhetorische System unserer sozialen Interaktionen beruht auf dem Glauben, dass der Dialog von sich aus positiv ist. Das aktive Prinzip des »Dialogs« besteht darin, dass es Menschen miteinander interagieren lässt, die die Freiheit haben, sich auszudrücken (Freiheit), die das gleiche Recht haben zu sprechen (Gleichheit), und das alles in gegenseitiger

Wertschätzung (Brüderlichkeit). Der Dialog ist tatsächlich der vierte Wert der Republik bzw. er wurde zu dem einen Wert, der die anderen drei historischen Werte der Revolution umfasst – die ihrerseits nicht zum Dialog neigte, sondern das Revolutionstribunal vorzog.

Man sollte vielleicht anmerken, dass die angelsächsische Welt den Akzent auf die *debate* (Debatte) legt. Dieser soziokulturelle Unterschied mag rhetorisch erklären, warum wir uns nicht immer auf derselben Wellenlänge befinden: Erklärtes Ziel der Debatte ist es, einer Meinung zum Sieg zu verhelfen, und nicht Freiheit, Gleichheit und Brüderlichkeit des Gedankenaustauschs zu betonen. In der politischen Sphäre neigt die amerikanische Politik eher zur freundschaftlichen, aber entschiedenen Macht des *public adress*, also der Kunst, in der Öffentlichkeit zu sprechen – ein amerikanischer Präsident ist eine veritable Redemaschine –, verbunden mit einer besonderen Form der Debatte, der sogenannten *conversation*, die nichts mit dem zu tun hat, was wir unter Konversation verstehen; vielmehr ist die amerikanische *conversation* eine Technik, Teilhabe zu simulieren.

Aber so ist das aktuelle System, außen wie innen, aufgebaut: auf der positiven Wirkung des Dialogs.

Das Kalifat jedoch ist auf diesem Ohr taub.

In den Augen des Kalifats sind wir, die Ungläubigen, in der Position der Schwachen, die von den Athenern angegriffen werden.

Wir sind schwach, insofern als wir die Politik nicht mehr als ein Ganzes begreifen, mit der Gewalt als Schlüsselelement und der Rede als dem Element, das dem Stärkeren diesen rhetorischen Schachzug erlaubt: Der Stärkere legt einseitig die Bedingungen der Übereinkunft fest und räumt den Schwächeren lediglich die Möglichkeit ein, intern über die Wahl zwischen Unterwerfung und Untergang zu diskutieren. Er gewährt ihnen eine gewisse Zeit, um untereinander über Alternativen zu sprechen und sie in die Verantwortung zu nehmen. Wenn sich die Terroristen heute in ihren Reden direkt an »Obama« oder »Merkel«[4] wenden oder »Frankreich« mit einem Ultimatum drohen, fühlt man sich an die Worte eines athenischen Unterhändlers erinnert, der eine Stadt auffordert, sich zu unterwerfen – nur ist es in diesem Fall der Barbar, der spricht.

Wir sind derart gefangen in der Ideologie des Dialogs als Retter aus allen Situationen – lokal wie global, in der Familie wie im Staat –, dass wir nicht in der Lage sind, uns eine andere rhetorische Position zu eigen zu machen.

Die Macht des Appells

Aber welche Position könnte das sein? Sie nennt sich »Appell«. Dass ausgerechnet in Frankreich europaweit die meisten jungen Leute für das Kalifat rekrutiert werden, lässt sich damit erklären, dass in Frankreich eine bestimmte rhetorische Form zur politischen Führung der Massen besonders wirksam ist: der Appell. »Große Reden« kommen in Frankreich nicht besonders gut an, dafür aber ein »Appell«. Damit spielt das Kalifat – eine Analyse, die sich durch die dschihadistische Rekrutierung in Frankreich aufdrängt.

Zum letzten Mal verwarf die französische Politik den Dialog, das heißt die Fähigkeit, vor dem Entscheiden über Leben und Tod wenigstens minimal Optionen zu erwägen, im Jahr 1940, mit dem Appell vom 18. Juni. Die Strategie eines rebellischen Generals bestand darin, mit den Spielregeln, also dem üblichen Austausch von politischen Angeboten und Forderungen, zu brechen und stattdessen einen Appell zu verkünden. Sein Aufruf war eine phantastische, ungewöhnliche Tat: Ohne Umschweife gab er die weitere Marschrichtung vor, indem er sagte: »Folgt mir, folgt dem Appell, fegt alle Verhandlungen, alle Unsicherheiten, alle Kompromisse beiseite.«

Der Appell besagte vor allem: Übernehmt die Verantwortung, ihr alle, jetzt, und schließt euch mir an. Haben wir einen ähnlichen »Appell« gegen das Kalifat gehört?

Nein.

Und vom Kalifat?

Allerdings.

Denn in seiner sprachlichen Struktur und seiner beabsichtigten Wirkung unterscheidet sich der Aufruf des Kalifats nicht vom Appell Charles de Gaulles: Dieser Appell fegt Geschäfte, Einigungen, Kompromisse und Verhandlungen vom Tisch und setzt gegen die Rhetorik des Dialogs eine Rhetorik des Appells, die jeden Einzelnen dazu aufruft, seine Wahl zu treffen, Verantwortung zu übernehmen, aufzubrechen und sich dem Urheber des Appells anzuschließen.

Die Rhetorik des Appells hat eine ethische Triebkraft: Der Appell schlägt vor, sich erneut der Moral zu öffnen, und führt zu einer territorialen wie mentalen Selbstüberwindung. Der Dialog hingegen ist nicht ethisch, sondern gehört zum Bereich des Managements: Er konfrontiert niemanden mit seiner moralischen (sondern vertraglich festgelegten) Verantwortung und bietet stattdessen eine geteilte Verantwortung (die wiederum durch die »Nähe« moralisch, aber nicht vertraglich festgelegt ist); der Dialog bestimmt einen gemeinsamen Ort, nämlich den Verhandlungstisch oder eine Versammlung der Personalleitung, aber er zeigt keine Route, keine Richtung, keinen Weg auf.

In seiner Andersartigkeit und Neuheit verblüfft uns der Appell des Kalifats, indem er ganz offensichtlich mit der Eintönigkeit unserer Dialogkultur bricht, in der alles gegeneinander aufgewogen werden kann. In einer politischen Kultur wie der südafrikanischen während der Apartheid, in der ein Appell den anderen jagte (Appell zur Verteidigung der weißen Rasse, Appell der Guerillas zur Verteidigung der Schwarzen, Appell zu Sanktionen, Appell gegen Appell), erschien mit Desmond Tutu die politische Notwendigkeit des Dialogs zwischen den Feinden als unausweichlich: Sie überraschte die ganze Welt und bewirkte auf einen Schlag, nur durch ethischen Nachdruck, eine radikale Veränderung.[5]

Mit derselben strategischen Gewalt wie der Appell vom 18. Juni zeigt der Appell des Kalifats, dass mitnichten eins das andere aufwiegt. Das ist der Grund für seine Überzeugungskraft: Dieser Appell bietet etwas Neues, und die Reaktion darauf ist überwältigend.[6]

Der Dschihadismus und das Kalifat zwingen zu einer Entscheidung. Aber obwohl wir uns mit ihnen »im Krieg« befinden, obwohl der Terrorismus »unannehmbar« und »inakzeptabel« ist, wie die französische Regierung betont, kommt von diesem Staat, der in Frankreich seit 1789 der Souverän ist, kein einziger ethischer Appell: Befänden wir uns wirklich in einem Krieg, einem Krieg gegen eine unannehmbare und inakzeptable Form der Politik, dann müsste der Staat die Nation zu den Waffen rufen. Er müsste einen »Appell« verkünden.

Stattdessen ist der französische Staat angesichts des ethischen Appells (ethisch, weil er Werte transportiert, die transzendent scheinen und auch sind), des Appells des Kalifats, in die Verwaltung der Krise zurückgefallen, das heißt in die Technologie des Dialogs mit den »beteiligten Konfliktparteien«, unterstützt durch polizeiliche Maßnahmen, die unsere Freiheiten und, schlimmer noch, unsere Gewissensfreiheit beschränken.

Im Gegensatz dazu bestätigen alle biographischen Erzählungen der jungen Dschihadisten, die dem Appell des Kalifen gefolgt sind, dasselbe: Der Appell des Kalifats wirkt in der lauen Atmosphäre des Dialogs wie das Aufkommen eines Sturms, der ein höheres Schicksal verheißt.

Predigt und Ansprache

Der Appell erweckt zwei rhetorische Formen zu neuem Leben, die man bereits im Dunkel der Geschichte verschwunden glaubte: die große religiöse Predigt und die Ansprache vor der Schlacht. Predigt und Ansprache, diese beiden Formen religiöser Propaganda in der Politik, gelten in der ganzen westlichen Welt als Formen der Überredung, die sich trotz der kulturellen Säkularisierung unserer Gesellschaften gehalten haben.

Eine Predigt dient dazu, die Sorgen der Menschen mit der Gottheit zu verbinden, das persönliche Leben mit den »letzten Dingen«. Darin bestand die Stärke der Redekunst eines Bossuet im Frankreich Ludwigs des XIV., eines Johannes Tauler im deutschen Spätmittelalter oder eines Rupert Mayer mit seinen Predigten gegen Hitler: die Moralpredigt im Namen eines Willens, der dem Menschen überlegen ist. In den dschihadistischen Videos und Zeitschriften finden sich Predigten, die, bis auf einige exotische Worte, klingen wie Predigten, die der Papst vortragen könnte.

> Was geschieht also mit denen, die sich mit den Ungläubigen verbünden, ihren Tod betrauern und sich von den Helden lossagen, die das Urteil des Herrn über seine Feinde vollstreckt haben? Sie haben ihre Scheinheiligkeit offenbart, ihren Mangel an Glauben, ihre fehlende Liebe zum Abgesandten des Herrn. Hätten sie ihn geliebt, hätten sie ihn verteidigt, hätten sie ihren Glauben in den Herrn gesetzt, hätten sie sich nicht mit seinen Feinden verbündet![7]

Solche Predigten wirken deshalb so stark, weil sie einen sehr alten, mächtigen rhetorischen Untergrund aktualisieren, den unsere Gesellschaften zwar verdrängt haben, der aber, nach Art des Freud'schen Unbewussten, heftig wieder an die Oberfläche drängt.

Ebenfalls verschwunden ist die einst sehr politische Form der Schlachtrede: Ein General richtete sie vor dem Angriff an jenen Teil der bewaffneten Nation, der eine Armee bildet, oder ein Hauptmann an sein Bataillon, in dem Bewusstsein, dass der Krieg die Fortführung der Politik mit anderen Mitteln ist und dass in einem nationalen Krieg der Feldführer eine politische Rolle erfüllt, weil an seiner Seite keine Söldner kämpfen, sondern Bürger. Man sprach zu der Truppe vor dem entscheidenden Kampf wie zu Bürgern vor einer Wahl.

Nur wenige haben bemerkt, dass die zweite Ansprache des Kalifen *urbi et orbi* im Mai 2015 nicht an einem Freitag gehalten wurde. Sie war also keine Predigt, sondern eine Schlachtrede, und der Kalif hielt sie genau am Tag von Christi Himmelfahrt, der Feier des kriegerischen Messias und Führer der islamischen Armeen:[8]

> Wir befehlen dir, in den Krieg zu ziehen, damit du dieses Leben der Erniedrigung, der Kleingeistigkeit, der blinden Gefolgschaft, der Verdammnis hinter dir lässt und dich dem Leben der Macht, der Ehre und des wahren Reichtums zuwendest.[9]

Kurz gesagt hat der Appell des Kalifats drei rhetorische Formen in das Universum der Rede zurückgebracht, die einst enormes Prestige besaßen und eine mächtige moralische Wirkung hatten: der Appell oder die Proklamation vor dem Volk, die Kanzelrede und die Schlachtrede im Augenblick des höchsten Opfers.[10] Allesamt rhetorische Formen, in denen Frankreich einst glänzte. Und von denen uns nichts geblieben ist.

Ohne eine Kultur des Appells, eine Kultur der Kanzelrede (die letzten stammen von Malraux) und eine Kultur der Schlachtrede sind wir rhetorisch verkümmert.

Eine verlorene Generation

Gegen den freiwilligen Idealismus unserer jungen Dschihadisten bieten wir nur den Dialog und die Psychologie auf, aber keine aufrüttelnden alternativen Werte: Die Fachleute der Gegenpropaganda und die Hilfskräfte der »Entradikalisierung« begehen den bedauerlichen, aber verständlichen Irrtum zu glauben, sie würden gerade jene Ersatzwerte anbieten. Aber man kann auf den Appell des Kalifats nur dann mit einem entsprechenden, ebenso mächtigen Appell reagieren, wenn ihm Werte vorausgehen und folgen. Und genau die gibt es nicht.[11]

Junge Menschen aus dem Westen haben schon oft aus Idealismus zu den Waffen gegriffen, um einen fremden Staat zu verteidigen, ohne zuvor die Erlaubnis ihrer Regierungen eingeholt zu haben: Im 19. Jahrhundert waren es junge Katholiken, die dem von Italien überfallenen Vatikanstaat zu Hilfe eilten; im Ersten Weltkrieg bildeten amerikanische Studenten die Luftstaffel Lafayette; junge enthusiastische Siedler halfen bei der Gründung der jüdischen Heimstätte in Palästina; und dann gab es die jungen Studenten und Arbeiter, die sich im Spanischen Bürgerkrieg den Internationalen Brigaden anschlossen; aus dem Zweiten Weltkrieg kann man noch weitere, kontroverser diskutierte Beispiele heranziehen. Die jungen Westeuropäer, die für das Kalifat zu den Waffen greifen, befinden sich wie die Kriegsfreiwilligen in einem großen heroischen Aufbruch.

Unsere jungen Dschihadisten zollen einer europäischen Tradition ihren Tribut, sie eilen einem Ideal zu Hilfe. Dieser offensichtlichen Erkenntnis sollte man sich nicht verschließen. Sie sind eine verlorene Generation.

Aber was haben wir selbst verloren, dass wir sie auf diese Art verlieren konnten?

KAPITEL VI

DIE DSCHIHADISTISCHE ÄSTHETIK

Mit dieser letzten Frage dringt man in einen neuen Bereich vor, den Bereich der Ästhetik des Ideals.

Auf die Frage »Wozu dient die Online-Propaganda des Kalifats, die pompösen Videos, die umfangreichen und sorgfältig gemachten Hochglanzmagazine?« drängt sich eine Antwort auf: Sie sind verführerisch![1] Eine Antwort, die instinktiv erfolgt. Aber sie ist falsch.

Sie liegt nahe, weil sie dem entspricht, was wir über unsere Beziehung zu unserer materiellen, durch Werbung und Medien strukturierten Welt zu wissen meinen, einer Welt, die von Kommunikation bestimmt wird und in der wir uns zurechtfinden müssen, ein ästhetisches Universum, das uns in die Irre führt und uns vergessen lässt, dass Arbeit allein niemals zur ganzen Lust an der materiellen Welt führt. Nur das Kapital oder der Raub verhelfen uns zu dieser Lust. In Ermangelung der Güter, die und Geld oder Raub bescheren könnten, bewegen wir uns im betäubenden Bad der Werbung und Trugbilder von erworbenen materiellen und immateriellen Gütern, in einem ästhetischen Universum der Trugbilder.

Die Erklärung ist also nicht die, dass das Kalifat auf Videoclips und tendenziöse Publikationen angewiesen wäre, um zu rekrutieren, ganz als ob es den neuesten SUV verkaufen wollte. Das Kalifat hat nichts mit Marketing zu tun.[2]

Das wäre zu einfach.

Über den Einfluss

Im Gegensatz zu dem, was die Geheimdienste anscheinend glauben und PR-Fachleute offensichtlich behaupten, sind die terroristischen Videos keine Werbetexte. In den Medien preisen Moderatoren ihre raffinierte Machart, nachdem sie zuvor nicht weniger erstaunt waren über die raffinierte Machart, die der russische Sender RT bei seinen Videos an den Tag legt. Unter Kommunikationsprofis und Kollegen ist diese Reaktion seltsam, ebenso seltsam wie ihre Unfähigkeit zu verstehen, dass Kommunikation eine Technologie und in dieser Hinsicht ideologisch formbar ist und in sich keinerlei inhärente demokratische Bestimmung trägt. Kommunikation ist ein Werkzeug.

Bezeichnenderweise nehmen die Medien auch nicht wahr, dass seit den ersten Enthauptungen das Publikum daran gehindert wurde, die Videos anzusehen oder herunterzuladen; denn noch vor der antiterroristischen Zensur wirkten sowohl die spontane Zensur (in England und den USA, wo jedes anstößige Bild, egal welchen Grades oder für welche Zielgruppe, gelöscht wird) als auch die Zensur nach ethischen Regeln (da, wo der Berufstand geregelt ist, sich selbst regelt oder schlicht Vorschriften unterliegt): Es war also schwierig, die Videos ungekürzt zu finden, außer für den, der sich in dem Labyrinth der Filter und Sperren auskennt. Eine potentielle Rekrutin konnte jedenfalls nicht einfach auf ihrem Smartphone darauf zugreifen.

Dasselbe trifft auf die edlen mehrsprachigen Publikationen des Kalifats zu, auch zu ihnen ist der Zugang erschwert[3] oder verboten. Zitiert ein gängiges Medium die Invektive gegen die »dreckigen französischen Ratten« vor dem Hintergrund des Eiffelturms, so kann man nicht einfach auf das Foto klicken, um zu der Zeitschrift zu gelangen. Die relevanten Medien hüten sich, diese Information zu verbreiten. Ironischerweise gewährt ausgerechnet eine Anti-Kalifat-Website einen regelmäßigen und sicheren Zugang zu dem Material (auf Englisch).[4]

Eine Propaganda, die einen nicht erreicht, ist jedoch keine Propaganda.

Noch aufschlussreicher dafür, wie sehr wir den Trugbildern aufsitzen, ist indes die Tatsache, dass die Medien nicht bemerken, wie die Kommunikationsabteilung des Kalifats die ethische oder rechtliche Zensur bereits einkalkuliert hat: Ganz offensichtlich erwarteten die Macher nicht, dass die westlichen Medien ihre Videos in voller Länge zeigen. Ihre Kommunikationsstrategie hat nicht nur unsere Obsession für das Internet, sondern auch die rechtliche bzw. ethische Zensur im Vorhinein bedacht.

Der öffentliche Zugang für die Klientel, die von dieser erschreckenden oder terrorisierenden Propaganda berührt werden sollte, ist begrenzt und beschränkt auf solche Bilder, die banal geworden sind und von den Medien sorgfältig ausgewählt wurden, bis sie rasch im Strudel der allgemeinen Informationen untergehen.

Und selbst wenn der Öffentlichkeit gelegentlich auf kritischen Websites die Möglichkeit geboten wird, das Video einer Schlachtung anzusehen, kommt häufig die Reaktion: »Nein danke, ich kann und will ›das‹ nicht sehen.« Wir lesen und sehen nur, was von den Medien gefiltert und von den Geheimdiensten autorisiert wurde, seit im »nationalen Rahmenplan zur Verteidigung gegen terroristische Bedrohung«[5] eine Zensur verhängt wurde.

Es bleibt zu beweisen, ob solche Bilder einen derartigen öffentlichen Skandal provozieren könnten, dass sich eine Widerstandsbewegung bilden würde. Aber nichts dergleichen: Jeder geht weiter seinen Beschäftigungen nach, und das Schlachten wird zu einer Tatsache unter vielen in der medialen Flut, in der wir uns bewegen. Nur sehr wenige junge Leute haben gegen das Kalifat zu den Waffen gegriffen. Der Horror, den man ahnt, wird einfach in den normalen Lauf der Dinge einbezogen.[6]

Wir sollten wissen, dass die PR-Spezialisten des Kalifats unsere Gewohnheiten kennen. Sie wissen, dass das westliche Publikum »das« nicht sehen kann und dass seine Medien »das«[7] niemals zeigen würden und dass im Grunde alle sich gegen die ethische Konsequenz sträuben: Zeuge zu sein.

Das Kalifat kennt diese moralische Schwäche, vergleichbar der des polnischen Bauern, der in der Nähe eines deutschen Konzentrationslagers lebte und »nichts gesehen« haben wollte: Unsere Weigerung, die 20-Uhr-Nachrichten zu sehen und Zeuge zu sein, wird von den PR-Spezialisten des Kalifats, welche diese Videos herstellen, bereits einkalkuliert, also eben diese Videos, die laut unseren Medien doch Propaganda sein sollen.

Sehr unwahrscheinlich ist schließlich auch, dass das westliche Publikum je freien Zugang zu dem angekündigten Fernsehsender[8] haben wird oder zu den Radiostationen, die in den Regionen senden, wo das Kalifat aktiv ist.[9] Anders wäre es, wenn dieser Fernsehkanal die Haltung vieler anderer arabischsprachiger Fernsehsender im Nahen Osten oder eines internationalen englischen Senders übernähme. Dann hätten wir eine ganz neue Situation, die mit der Konsolidierung des Kalifats als dauerhafter Staat einhergehen müsste. Damit wäre man zu einem anderen Modell übergegangen, das noch zu definieren wäre.

Hält man sich aber an das Videomaterial, ist die Bilanz folgende: Die Wirkung dieser Videos ist fragwürdig, falls das Kalifat sie wirklich einsetzt, um dem Westen Angst zu machen.[10] Denn entweder bekommt man sie wegen der vorgeblichen medialen Anstandsregeln oder der Zensur gar nicht zu sehen, oder man macht sich über sie lustig (im Netz existiert eine rabenschwarze Parodie, ein blutiges Kasperletheater);[11] oder man reserviert sie für Experten; oder man stellt sie ein unter Pornographie für besondere Liebhaber.[12] Was den »Radikalisierungseffekt« angeht, bleibt aber noch zu beweisen, ob ein solches Video einen Jugendlichen derart erschüttern kann, dass er postwendend konvertiert und sich als Märtyrer zur Verfügung stellt.[13]

Die dschihadistische Intelligenz

Wir haben schon weiter oben festgestellt, dass die von den Milizionären des Kalifats verfassten Schriften gerade nicht darauf hindeuten. Liest man zusätzlich die Biographien der Jugendlichen, die beschlossen haben, sich dem Dschihadismus oder dem Kalifat anzuschließen – des jungen Gymnasiasten aus Melbourne, der gut in Mathe war und bis zum ersehnten Tod kämpfte, oder des jungen Terroristen aus Garland in Texas[14] –, dann stellt man fest, dass sie ihre Entscheidung nach persönlichen und oft eingehenden Recherchen trafen.

Sie informieren sich. Lesen. Lernen. Sie bilden sich eine Meinung über den Zustand, in dem sich die Welt befindet. Sie sind nicht angewiesen auf den Stoff, den man Propaganda nennt. Andere vom Typ Mehras haben viel Zeit in Kursen religiöser Fundamentalisten verbracht oder Predigten gehört und sind dann aktiv geworden.

Eine gängige Erklärung ist jedoch, die Jugend sei »beeinflussbar«.

Das mag ja so sein, es bleibt aber immer noch zu erklären, inwiefern das Kalifat anziehender ist als beispielsweise die Aussicht, in Ruhe zu Hause zu leben oder sich, wie manche der zu Tode Gefolterten, humanitären Hilfsorganisationen anzuschließen. Gerne wird auch behauptet, diese Individuen, egal ob Muslim oder nicht, seien »fragil« oder »marginalisiert«. Aber wodurch? Was die noch nicht Konvertierten betrifft, etwa dadurch, dass unsere Werte schwach sind? Und starken Werten nicht standhalten können? Was ist aber ein starker Wert? Inwiefern sind unsere Werte schwach? Was die Muslime angeht, unterscheidet man gern zwischen guten und bösen Imamen.

Aber dann stellt sich wiederum die Frage: Inwiefern unterscheidet sich die »Handlungsstrategie im laizistischen Raum« der Muslimbrüder[15] oder die »kulturelle Strategie« der islamischen Organisation für Erziehung, Wissenschaft und Kultur in ihrem Ziel von der direkten, umstandslosen Strategie der Imame, die den Weg zum Kalifat weisen?[16]

Auch wenn das Kalifat und die Muslimbrüder nicht dasselbe Ziel anstrebten, bliebe die Frage bestehen: Warum wirkt ein verwestlichter Islam auf einen Jugendlichen, der das Ideal sucht, weniger stark als der Islam des Kalifats? Außer natürlich, weil Krieg, Selbstopfer, Gewalt und Martyrium eben stärker sind? Mit dieser Aussage begibt man sich allerdings auf gefährliches Terrain, gefährlich für all jene, die beweisen wollen, dass der Mensch im Grunde bescheiden und friedlich ist, weil sie sich dann nämlich mit dem Gedanken konfrontiert sehen, dass der Mensch von Natur aus dem Menschen ein Wolf ist und das »Böse« wesentlich und nicht zufällig zur Politik gehört.

Die Bilanz ist einfach: Die Videos und Texte, die das Kalifat ins Netz stellt, dienen nicht dazu, im großen Stil Propaganda zu betreiben, Millionen Menschen zum Kampf aufzurufen und massiv zu verführen. Sie entsprechen nicht dem Modellszenario der aus der amerikanischen Schule stammenden *mass-persuasion*.

Welche Wirkung hat das Material aber dann, wenn es im Grunde nicht gemacht wurde, um Angst einzujagen oder zu beeinflussen?

Wir müssen uns wohl mit seiner Ästhetik beschäftigen.

Über den Gehorsam

Eine Besonderheit der dschihadistischen Propaganda ist, dass sie sich, um ihren Einfluss in den Ländern der Ungläubigen auszuweiten, einer Sprache bedient, die von den meisten Rekruten nicht verstanden wird. Der junge Kanadier, der junge Normanne, der junge Australier, der junge Kasache (das venezolanische Kontingent steht noch aus), die dem Appell des Kalifats folgen – ihre Zahl geht in die Tausende –, verstehen häufig nur wenig oder gar kein Arabisch. Höchstens einige Wörter und vorfabrizierte Phrasen. Wem oder welcher Sache folgen sie?

Hören, gehorchen

Vielmehr ist es genau das: Sie hören Arabisch. Und mehr noch, sie sehen Arabisch. Sie hören und sehen, ohne zu verstehen. Sie nehmen wahr, spüren, befinden sich im Reich der Empfindungen, also genau von dem, was »Ästhetik« genannt wird. Ein ästhetisches Urteil gründet sich auf dem starken Gefühl, das man, zum Beispiel, angesichts einer schönen Frau oder einer grausamen Szene empfindet. Und es geht noch weiter: sehen, hören, gehorchen – diese drei Schritte führen zu einer genaueren Definition der »Ästhetik«.

In der altgriechischen Sprache, also an der Basis der ersten westlichen Gedanken über Politik – und auch uns geht es um Politik –, gibt es ein schreckliches Wort und das Konzept, das ihm seine Kraft verleiht: »Ästhetik« kommt von *aeo*, was zugleich »hören«, »wahrnehmen« und … »gehorchen« bedeutet. »Audition«, also das innere Hören von Worten und das damit verbundene Vernehmen von Botschaften einer höheren Macht, leitet sich von diesem Wort ab. Die großen griechischen Tragödiendichter gebrauchten es vor allem in den Chören, die auf der Bühne das Volk darstellten und zum Zeuge der schrecklichen Ereignisse der höchsten Politik wurden – an der Götter, Menschen und das Schicksal der Welt beteiligt sind. Das alles, begleitet von starken Bildern und außergewöhnlichen Sätzen, weckte große Gefühle und führte zur Zustimmung des Zuschauers.

Die gesamte rhetorische Zusammensetzung hochrangiger politischer Dramen spielt mit diesem außergewöhnlichen Konzept, das uns jenseits des Verstandes beschäftigt, es spielt auf dem Gebiet der Empfindung, die mitreißend, erhebend und sinnstiftend sein kann. Ein Gebiet, das zu Zustimmung oder Ablehnung zwingt: Wenn man ein grausames Video des Kalifats ablehnt und dazu den Kommentar schreibt: »F… euch, wir töten euch alle« (und es gibt noch schlimmere), dann ist das eine ästhetische Abwehr, ein ästhetisches Urteil. Man gehorcht dem Bild.

Dieses Lektüreraster erlaubt uns also zu verstehen, wie man hören, sehen, gehorchen kann – auch ohne Arabisch, die Sprache der Konversion, zu beherrschen. Alles auf einmal.

In der dschihadistischen Ästhetik wirken zwei grundlegende Faktoren, die sich an alle richten, die nicht Arabisch sprechen – das gilt sowohl für die gelegentlich englisch, französisch oder deutsch[17] untertitelten Videos als auch, wenn auch in geringerem Maße, für die englisch- oder französischsprachigen Publikationen, die mit sprachlichen Arabesken geschmückt sind oder übersetzte, transliterierte Ausdrücke in Form von Bild- und Tonspur enthalten. Ein Beispiel: »Bist du *aslamtum?*«:[18] Bild + Ton = wahrnehmen. Wahrnehmen = gehorchen, *aslamtum* sein, sich der Macht dieser doppelten Wahrnehmung unterworfen haben, durch die uns durch das Bild eine unverständliche Sprache vergegenwärtigt wurde.

Der Vorgang unterscheidet sich nicht von den Konversionen im Mittelalter mit Hilfe der lateinischen Sprache, die niemand außer den Klerikern verstand; die unbekannte Sprache wurde aber gewissermaßen in der Ästhetik der Kathedralenfenster aktiviert, illustriert und lebendig gemacht, in Bildern erzählten sie die Geschichte, die das Lateinische in Worte fasste. Das auf dem Fenster wahrgenommene Bild vermochte durch seine Ästhetik die unverständlichen Worte zu erläutern und die Zustimmung des analphabetischen Volkes zu sichern.

Die Ästhetik besitzt die halluzinatorische Kraft, eine Botschaft zu senden oder für ihren Empfang zu konditionieren, auch wenn man sie nicht versteht. Man erkennt sie, obwohl man sie nicht begreift.

Was die Bilder betrifft, sieht es folgendermaßen aus: In der inflationären Bilderflut des Internets, wo alles kopiert, eingefügt, angehängt, banalisiert, wiederverwertet, breitgetreten, kurz, reduziert wird auf eine exponentielle Reproduktion des immer wieder Gesagten und Gesehenen oder auf eine Imitation des Immergleichen (eine Datenmenge, die nur dazu dient, dem Händler maximalen Profit zu bringen), aus dieser Bilderflut stechen die Klänge und Bilder des Kalifats heraus, sie setzen das Zielobjekt der Überredungskunst, das weder sprachliche Arabesken noch die Schriftzeichen versteht, in Erstaunen: Sie bewirken ein Anhalten des Bildes, ein Überraschtsein angesichts des Exotischen und Neuen.

Und ähnlich verhält es sich mit dem Ton: Die Gesänge, die, zum Beispiel vor den Reden, meistens auf der Tonspur zu hören sind, unterlegen Texte und Bilder. Ohne dass man die Worte versteht, muss man doch hinhören, zuhören und lauschen: Der Singsang auf Arabisch ist ästhetisch, denn aus ihrem Kontext gerissen haben diese schicksalsschweren Lieder dieselbe Schönheit wie Mönchsgesänge oder, wenn man im Register des Islam bleiben möchte, die Lieder von Nusrat Fateh Ali Khan, der einst die Zuhörer in London, Mailand oder Paris begeistert hat.

Das Kalifat hat sich besonders auf den *Nachid* spezialisiert, einen fraglos stimmungsvollen Chorgesang; Männerstimmen intonieren beispielsweise den Marschhymnus der Legion des Kalifats:

> In der Faust halten wir das lachende, unfehlbare Schwert,
> Von unseren Lippen schallt der Schlachtruf.
> Wir springen wie brüllende Löwen,
> Brechen unsere Ketten und straucheln nicht,
> Brechen die Ketten und straucheln nicht.[19]

Im Internet-Tohuwabohu aus Rap und Rock stechen die Choräle des Kalifats, diese zugleich religiösen und kriegerischen Gesänge, aus der Masse heraus. Sie sprechen unmittelbar an. In unserer materialistischen Welt setzen sie den fehlenden appellierenden Werten etwas entgegen.

Sogar einige Radiomeldungen, zum Beispiel die, die das Attentat in Tunis erklärte, sind in ihrer Diktion so würdevoll und feierlich, dass sie sich vom Einerlei des Internets abheben, vom ewigen Geduze etwa, das die »Bürgerreporter« praktizieren; die dschihadistischen Radiosprecher imitieren fast die anspruchsvolle Diktion der Koranrezitation.[20]

Dass man weder die Ästhetik der Kalligraphien versteht noch die Bedeutung der Texte oder Reden, ruft nicht Ablehnung hervor, sondern im Gegenteil Zustimmung – und das ist die unmittelbare Wirkung des Gehorsams. Der junge Norweger, der sein mittelmäßiges Mittelschichtsparadies leid ist, der hört und sieht und sagt sich: Jetzt muss ich das aber auch verstehen. Ich will mehr darüber wissen.

Das Kalifat hat eine ästhetische Meisterleistung vollbracht, es hat verstanden, dass man durch die Kombination von Klängen und Bildern diejenigen bezaubern kann, die die Sprache der

Konversion (das Arabische) nicht verstehen. Klänge und Bilder verführen, ihre Überzeugungskraft besteht im Fremdsein, in einem Bruch und öffnet den Weg in ein anderes Universum, das scheinbar außerhalb der Wiederholung, außerhalb des Banalen, außerhalb des Alltäglichen liegt. Eine neue Verzauberung der Welt.[21] Sie gibt ihr einen Sinn und bahnt den Weg von der ästhetischen Anziehung zur ethischen Zustimmung, denn sich dem Dschihad anzuschließen ist eine ethische Entscheidung, eine Entscheidung, die sicherlich schrecklich ist, aber eben auch ethisch.

Wie soll man darauf reagieren? Indem man das Phänomen banalisiert: Man sollte die Zeitschriften an den Schulen herumgehen lassen, die Texte kommentieren und radikal dekonstruieren, man sollte die Videos zeigen und sie mit allem, was die westliche Filmkritik aufzubieten hat, analysieren, kurz, das ganze Material mit Hilfe von Beweisen und sprachlichen Argumenten auf ein kümmerliches Maß zurechtstutzen und also das tun, was die rationale Kultur der Aufklärung auszeichnet: klar und deutlich denken.

KAPITEL VII
KALIFAT UND FEMINISMUS

Während der ersten Phase des Dschihadismus, die um das Zentralgestirn al-Qaida kreiste und vom palästinensischen Terrorismus getragen wurde, traten Frauen in der Öffentlichkeit als Kamikaze, als *suicide bombers*[1] in Erscheinung. Das Phänomen löste Bestürzung aus und führte zu Beginn der 2000er Jahre zu den ersten Untersuchungen über das Wer, Was, Wo, Wann, Woher und Warum. Die Bestürzung resultierte aus dem jugendlichen Alter der Selbstmörderinnen, aber mehr noch aus der Tatsache, dass es sich um Frauen handelte.

In der Ära des Kalifats spricht man anders über die Verpflichtung von Frauen, sich in den Dienst des Dschihadismus zu stellen (abgesehen davon, dass sie als menschliche Bomben dienen), und die Fragen sind gefiltert, denn in den französischen Debatten über das Tragen des Schleiers und die Schwierigkeiten seines Verbots wird sie nicht ausdrücklich gestellt (das ist das Spiel der Ideologie). Beunruhigend viele brechen auf, um sich dem Kalifat anzuschließen,[2] konvertieren[3] und besinnen sich wieder auf ihren Glauben[4].

In England[5] wurde die Debatte über die dschihadistischen Frauen durch die Aufdeckung eines Missbrauchsskandals verschleiert; eine pakistanische Gang hatte junge europäische Mädchen, aber auch, wie sich später herausstellte, muslimische Mädchen sexuell versklavt. Eine ganze muslimische Gemeinde ließ den Missbrauch Hunderter Mädchen insgeheim geschehen, und auch die Sozialbehörden bedeckten ihn bereitwillig mit dem Mantel des Schweigens, im Namen einer Ideologie, die sich in kommunale Angelegenheiten nicht einmischen will (die Presse hält weiterhin daran fest und spricht weder von Pakistanern noch von Muslimen, sondern nur von »Asiaten«[6]). In den

USA wechseln nur sehr wenige Frauen zum Kalifat, und die Tatsache wird meist aus einem emotionalen oder therapeutischen Blickwinkel betrachtet.[7] Die Berichterstattung in Deutschland bleibt auf der vorsichtigen, den Diskurs dominierenden Multikulti-Linie.[8] Aus Frankreich indessen brechen die meisten Frauen zum Kalifat auf.[9]

Feministische Codes

In Frankreich und auf dem vom französischen Feminismus beeinflussten europäischen Kontinent wird diese soziologische Tatsache durch die besondere Art verschleiert, wie wir in der Frauenfrage von einem bestimmten rhetorischen Code abhängig sind. Dieser Code strukturiert – explizit und oft undurchdacht (in den von der Presse und den Politprofis benutzten Formulierungen) oder implizit (im alltäglichen Verhalten) – die Art und Weise, wie wir, in der Öffentlichkeit, der Schule, im Büro oder im sozialen Miteinander, von »der Frau« als Kategorie der öffentlichen Debatte sprechen.

Dieser Code ist das Resultat einer Kreuzung zweier verschiedener feministischer Richtungen. Einerseits ist er dem französischen Feminismus verpflichtet, der philosophisch, literarisch und ursprünglich libertär war und ist: ein kämpferischer Feminismus, oft antimännlich, ohne sich gegen die Männer zu richten, und in den allermeisten Fällen intolerant gegenüber religiöser Unterwerfung. Dieser Feminismus ist eine aktuelle Neuauflage des revolutionären Feminismus von 1789, der vom Machotum der Napoleonzeit bis zu den langsamen Reformen in der »Mädchenbildung« in der Mitte des 19. Jahrhunderts in den Hintergrund gedrängt worden war. Seinen Höhepunkt erreichte er im Abtreibungsgesetz. Dieser philosophische, kämpferische Feminismus, für den Simone de Beauvoir den Nobelpreis verdient hätte, ist vor inzwischen 20 Jahren mit einem anderen

Feminismus zusammengetroffen, der aus der angelsächsischen Welt stammt und unter dem Namen »Gender-Theorie« bekannt wurde.

Dieser Feminismus auf amerikanische Art ist ein Erbe der für ihre Scharfsinnigkeit berühmten angelsächsischen Sozialwissenschaften und vor allem des Behaviorismus, also der Wissenschaft vom Verhalten: Er postuliert, dass die sexuelle Identität das Resultat einer »sozialen Konstruktion« ist, für die die Biologie nichts weiter ist als eine Grundlage. Die sexuelle Identität, das »Gender«, errichtet sich auf dieser Grundlage wie ein soziales Legohaus, das als »kulturell« bezeichnet wird (im angelsächsischen anthropologischen und nicht im französischen zivilisatorischen Sinn).

Es sind Thesen, die lange einer intellektuellen Elite vorbehalten blieben. Als sie aber schließlich in der öffentlichen Debatte ankamen, wurden sie popularisiert und in die inzwischen allgemein gebräuchliche Sprache der sozialen Interaktion umformuliert, die Sprache des Managements. Die Frage der »Frau« wurde also zu einer Frage einer menschlichen Ressource, die man nur optimal verwalten muss. Ganze Teile des öffentlichen Sprachgebrauchs wurden von dieser Managementsprache vereinnahmt, mit dem Ergebnis, dass sich ein rhetorischer, bis dahin auf Spezialisten beschränkter Code verfestigte, der »die Frau« als soziales Subjekt betont.

Durch diese Konstruktion wurde es intellektuell möglich, mit der Spannung umzugehen, die sich zwischen dem »die Frau« betreffenden rhetorischen Code (Gleichheit, Sexualität, Recht auf den eigenen Körper, Arbeit) und den Palästinenserinnen, die Bomben am Körper trugen, ergab. Man argumentierte nämlich implizit, durch Rationalisierung, sie seien Objekte der männlichen Macht, was auch der Schleier symbolisierte, nur eben auf softe Weise; der Schleier sei also das Äquivalent des Sprengstoffgürtels, der eine in einer auf Verständigung gegründeten politischen Kultur, der andere in einer maskulinen Kultur der Gewalt und des Krieges; und folglich war es möglich, Feministin zu sein und das Verbot des Schleiers zu fordern.

Aber mit dem Kalifat tritt eine andere radikale Sprache über die Frau in Erscheinung. Sie erschüttert fünf Regeln des Diskurses, die der Frage bis dahin einen Rahmen gaben:

- die inzwischen übliche, der Welt des Managements entstammende Ansicht über »die Frau«;
- die intellektuelle Debatte über das Gender;
- die Versuche, diese beiden Codes im Maghreb einzuführen;[10]
- der alte Code der Kamikaze-Palästinenserin;
- die Idee eines »postideologischen« arabisch-muslimischen Feminismus.[11]

Vor unseren Augen entsteht gerade ein ganz anderer feministischer Diskurs.

Feminismus im Kalifat

Das Kalifat hat die Karten neu gemischt. Was sagt das Kalifat über die Frau?

Es gibt ein programmatisches Dokument vom Januar 2015 über die Stellung der Frau im Kalifat und die dafür geltenden Regeln.[12] Eine Ausgabe des *Dabiq*[13] veröffentlichte daraufhin das Bekenntnis, oder vielmehr Glaubensbekenntnis, einer »Auswanderin« (so die Übersetzung des arabischen Wortes für eine Frau, die sich auf den Weg zum Kalifat macht). Der offene Brief beschreibt den Aufbruch aus einem Land, in dem die Unmoral regiert, in ein Land, wo man im Einklang mit seinen Prinzipien leben kann; also eine militante Pilgerfahrt ohne Wiederkehr in das wahre Land des Islam.

Der Bericht dieser Auswanderin handelt von der Rückkehr zu Gott, also, im theologischen Sinn der »Konversion« (lateinisch *convertere* bedeutet zurückkehren), eine Rückkehr zu Gott und eine Versöhnung mit dem Volk Gottes, die gleichzeitig eine Buße ist, weil man sich so weit von ihm entfernt hatte.[14] Man mag das mit einem Lächeln abtun, aber tatsächlich ermuntern jede Religion und jede mächtige Ideologie das Individuum zu einer Rückkehr zum Ursprung, ja verlangen sie sogar, zum Ursprung und dem Ort, der das Individuum mit Leben und Sinn erfüllt; das geschieht durch Pilgerfahrten, Prozessionen oder Aufmärsche – alles Begriffe und Praktiken der Frömmigkeit, denen ein Aufbruch und eine Bewegung hin zum Ursprung innewohnt. Es sind zentrale Themen sowohl in diesem Bericht als auch in anderen Selbstzeugnissen von Auswanderinnen.

Die Erzählung, mehrere in gutem Englisch verfasste Seiten lang, spiegelt die Äußerungen von Hunderten anderen gebildeten und entschlossenen Frauen, die die Heimreise angetreten haben, wider. Der Text ist eine Montage, er destilliert aus den Erfahrungen, die diese Frauen beim Aufbruch aus dem Land der Ungläubigen und bei der Rückkehr in das Land Gottes gemacht haben, Codes und Erzählungen und systematisiert sie. Diese Machart kondensiert das Wesentliche aus den Geschichten und liefert den rhetorischen Code der Auswanderin, wie er ist, und so, wie das Kalifat ihn sich wünscht.

Die Auswanderin wiederholt Mohammeds Irrfahrt aus Mekka nach Yathrib-Medina, als er die Stadt der Abtrünnigen und Götzendiener verließ, um sich der Gemeinschaft der Gläubigen anzuschließen. Dabei handelt es sich um eine echte Pilgerreise in das Land des Islam,[15] oder, um zu zitieren, was die Witwe Coulibalys, alias Abu Bassir Abdallah al-Ifriqi, nach ihrer Ankunft im Kalifat gesagt hat:

Gelobt sei Allah, der mir den Weg geebnet hat. Ich bin auf keinerlei Schwierigkeiten gestoßen, es ist gut, in einem Land zu leben, wo Allahs Gesetze herrschen. Ich bin erleichtert, diese Pflicht erfüllt zu haben.[16]

Abreise und Ankunft haben eine weitere Bedeutung: eine Organisation in Clans oder Stämmen abzulehnen sowie die Universalität der mohammedanischen Religion zu bejahen (»jenseits der Sprachen und der Hautfarbe sind unsere Herzen mit dem einzigen Gott vereint«). So lautet der Code der Rückkehr: Zur Gemeinschaft der Gläubigen zurückkehren, nicht auf ein Territorium, das durch dieses oder jenes Abstammungs- oder Verwandtschaftsgesetz definiert ist, sondern an einen Ort, wo sich die Universalität des Glaubens behauptet.

Der Brief erklärt also, dass die auswandernden »Schwestern«, die ihre Hidschra antreten, im Gegensatz zu den Behauptungen der westlichen Propaganda nicht »durch Armut, Arbeitslosigkeit, familiäre oder psychische Probleme ins Abseits gedrängt wurden« (das sind die üblichen Kategorien, mit denen man Radikalisierung gerne erklärt). Ihre eigentliche Randständigkeit besteht darin, dass sie in der Unmoral leben, abseits vom Land der Gläubigen.

So gesehen ist der Westen das eigentliche Abseits, der Ort der Ausgrenzung. Im Gegensatz zu der durch muslimische Organisationen in Europa empfohlenen[17] »kulturellen« Strategie der »Sesshaftwerdung« – praktische, taktische, stillschweigend oder öffentlich kundgetane Vorschläge, um sich an das Leben dort, wo der Ungläubige über die Lebensweise des Muslims bestimmt, anzupassen – geht es hier gerade darum, sich nicht anzupassen und fortzugehen. Für die Frau gibt es keine andere »Strategie«, als sich auf den Weg zu machen.

Der zweite rhetorische Code ist die Autonomie der auswandernden Frau in Bezug auf ihre Verwandtschaft.

Die Frau, die sich nach dem Vorbild der ersten Auswanderinnen, die zur Gründungszeit des Mohammedanismus ihre Hidschra antraten, zur Heimkehr entschließt, verleugnet oder kappt alle Verbindungen zu ihrer Familie: Eine Zustimmung oder Begleitung durch ihren Ehemann, Vater, Bruder oder einen anderen männlichen Verwandten ist nicht nötig:

> Diese Frage ist zweitrangig … Die Schwester, die auswandert, setzt sich über alle familiären Hindernisse hinweg und begibt sich von Gott behütet auf eine lange und schwierige Reise, eine emotionale Reise, an die sie später zurückdenken wird.

Mit der Hidschra erlangt die Auswanderin Autonomie und übernimmt Verantwortung, die Hidschra ist insofern also eine feministische Handlung, im offenkundigen Gegensatz zu der »kulturellen Strategie« des in Europa heimisch gewordenen Islam, der den Mann privilegiert:

> Die Frauenfrage soll nicht als solche besprochen, sondern in einen weiteren Kontext gestellt werden … Die erste Frage ist nämlich die nach der Befreiung des Mannes aus einer archaischen Stagnation, in der Gewohnheiten vor der Religion kommen.[18]

Der Feminismus der Auswanderin kollidiert mit dem westlichen Feminismus, wenn es um Kinder geht: Während eines der Themen des westlichen Feminismus das Recht auf Abtreibung ist, also das Recht darauf, ein Kind im Namen des Rechts auf den weiblichen Körper nicht zur Welt zu bringen, vertritt auch die Feministin auf der Hidschra das Recht, ihr Kind zu verlieren,[19] allerdings auf andere Weise.

Nicht im Namen ihres eigenen Körpers, sondern im Namen des spirituellen Körpers der Gemeinschaft der Gläubigen. Die Feministin nimmt während der Hidschra für sich das Recht in Anspruch, aufzubrechen, obwohl sie schwanger ist und ihr Kind durch die Anstrengungen der Reise sterben könnte; denn es wird in der Erde des Islam bestattet werden, in der Erde der Erkenntnis seiner wahren »menschlichen Natur« (das Konzept der *fitra*), was, so formuliert es der Bericht, »besser für es ist, als in der Schule der Götzendiener den spirituellen Tod zu sterben«.

Durch den Feminismus wird das Recht auf den eigenen Körper hier mit etwas anderem verbunden: die westliche Kultur hinter sich zu lassen, die spirituell und folglich auch physisch zerstörerisch wirkt, da die »menschliche Natur« »vollständig« ist. Während sich bei der Abtreibung diese Frage der Vollständigkeit nicht stellt (es zählt allein der Körper der abtreibenden Frau), stellt das Risiko, das Kind während der beschwerlichen Reise zu verlieren – eine Art des Kindsmordes –, die Frage nach der Einheit der menschlichen Natur: Das totgeborene Kind wird durch die Bestattung in der Erde des Islam wiedergeboren. Es wird der Gemeinschaft wiedergegeben.

Eine kämpferische Re-Positionierung

Der dritte Code ist die Verherrlichung des Moments der Rückkehr, aus der eine kämpferische Re-Positionierung resultiert:

> Und wenn ich auch alles vergäße, ich könnte doch nie den Moment vergessen, als wir den Fuß auf die gute Erde des Islam setzten, den Moment, als wir das schwarze Banner des Propheten im Wind flattern sahen … stumm murmelten unsere

Münder »Gott ist groß« … aus diesem Grund haben sie ihre
Länder, Familien, Freunde verlassen, um im Schatten des heiligen Gesetzes leben zu können.

Ein Begriff sticht jedoch hervor: »Sklavin«. Die Auswanderinnen erklären sich zu »Sklavinnen Gottes«. Das Wort bedeutet,
dass die Frauen, die sich jetzt im heiligen Land befinden, von
ihrer errungenen Position aus – dem Ergebnis einer freiwilligen
Handlung, der persönlichen Hidschra[20] – ihre Rückkehr vollzogen haben, die Konversion gelungen ist. Was ihnen jetzt das
Recht gibt, »diese Halb-Männer« zu warnen, die die Auswanderinnen aufhalten wollen:[21]

> Allen, die sich euch jetzt, unter dem Vorwand, gute Ratschläge zu geben, in den Weg stellen, um euch an der Abreise
> zu hindern, sage ich: Eure Frauen sind mehr Mann als ihr
> selbst!

Hier haben wir es mit einer feministischen Praxis zu tun, einem
Code des Gender, die weit entfernt ist von der sterilen, von kultureller Strategie durchdrungenen Debatte der Muslimbrüder
über das Für und Wider des Schleiertragens. Das ist ein »sekundäres Problem«, wie die Auswanderinnen sagen, denn alles, was
aus einer gütlichen Einigung hervorgeht, ist zweitrangig.

Hier findet eine Verweigerung statt, die die oben beschriebene feministische Rhetorik nicht denken mag. Unser Feminismus ist randständig, kraftlos und stimmlos geworden. Wer
wollte eine Antwort finden auf die dschihadistische Dichterin
Ahlam al-Nasr, deren Lyrik die Frauen, die zum Kalifat unterwegs sind, in Verzückung versetzt?[22]

KAPITEL VIII

KRIEGERISCHE MÄNNLICHKEIT

Auf unseren Bildschirmen erscheint der dschihadistische Soldat schneidig und gegürtet. Männlich eloquent. In Kampfmontur. Eine männliche Inszenierung des Kriegers. Er steht uns gegenüber.

Aber was ist das für eine Rhetorik? Wie wird sie konstruiert, von der äußeren Erscheinung des Dschihad-Soldaten bis zur Gegenüberstellung mit dem Feind, also mit uns?

Ethik der Zurschaustellung

Schwarz und sandfarben sind die Uniformen der Soldaten Gottes – ohne Achselschnüre, Epauletten, Anstecker, Tressen, ohne jegliche Abzeichen für Hierarchie oder Dienstrang. Es sind Kriegsmonturen, reduziert auf die größtmögliche Abstraktion bringen sie den Körper des Kriegers zur Geltung. Diese Erscheinung ist die Versinnbildlichung männlicher Macht.

Die Kennzeichen des Kriegers

Schwarz.
Die schwarze Uniform der Milizionäre des Kalifats ist ein beunruhigend schöner Triumph des männlichen Geschlechts. In den Videos von Schlachtungen oder in Online-Propagandafilmen liegt das kriegerische, obsidianfarbene Gewand eng am Körper an, zeigt Formen, die der Krieg hervorgebracht hat und nicht das Fitness-Studio; es ist eine raffinierte Inszenierung männlicher Verführungskraft, nach dem Vorbild der *body*

armors und von Spezialuniformen für Sondereinsätze. Das Gewand suggeriert, dass der Soldat des Kalifats, auch ohne Verpackung aus Seyntex oder Kevlar, verwundbar und furchteinflößend zugleich vorrückt. Der schwarze Anzug ist eine Metapher.

Sandfarben.
Kampfanzug und Maske in der Farbe des Wüstensandes sind eine Antwort auf die Kampfmonturen der westlichen Streitkräfte in der Levante.[1] Ein Requisit wie im Theater: Das Kalifat betont damit die »normale« organisatorische und militärische, die offizielle Seite der Streitkräfte des Kalifats. Es entgegnet dem Feind: Die Wüste sind wir. Wieder eine Metapher.

Maskiertes Gesicht.
Die schwarze Uniform, die eng am kriegerischen Körper anliegt, um seine Gefährlichkeit deutlicher hervortreten zu lassen, und die Maske, die das Gesicht auf den durchdringenden – von den Kameramännern des Kalifats gerne herangezoomten – Blick reduziert, wirken provozierend und verführerisch zugleich. Die Maske ist das männliche Pendant zum Schleier der Frau. Die Uniform des Milizionärs verhüllt – und fasziniert. Sie ist Maskerade.

Ohne Maske.
Die Milizionäre präsentieren sich oft auch unverhüllt: Ein Video zeigt, wie Mohammed Mehras Halbbruder mit unmaskiertem Gesicht eine Ansprache auf Französisch hält und einem Jugendlichen befiehlt, einen als Agent der Mossad verdächtigen Araber zu exekutieren.[2] In einem anderen Video exekutiert ein langhaariger Junge, ein Kasache, zwei russische Gefangene.[3] Auch der Mörder eines britischen Soldaten im Jahr 2003 ging unmaskiert vor und versicherte sich obendrein, dass er gefilmt wurde. Oder die mediale Präsenz von Abu Jandal al-Almani

(= aus Deutschland): Anlässlich seines »Märtyrertodes« im Januar 2015 wurde sein Begräbnis in einem Video gefeiert, das sich an die deutsche Öffentlichkeit richtet.[4]

Offenheit.
Die ausländischen Soldaten des Kalifats[5] stellen sich zur Schau, erzählen über ihren Werdegang und ihre Kämpfe. Ihre Person wird zum Symbol für die Konversion, die Umkehr zum Glauben und in die Gemeinschaft des göttlichen Volkes. Selbst die Partisanen verwischen nur in wenigen Fällen ihre Spuren: Gegen alle Regeln der verdeckten Kriegführung gehen sie praktisch mit offenem Visier vor. Die Geheimdienste können sie deshalb nach ihren Aktionen leicht identifizieren, weil sie im Grunde wie »offene Quellen«[6] agieren. Offizielle Videos und diverse Zeitschriften zeigen die Gesichter der Milizionäre und nennen ihre Namen, wenn sie auf dem Schlachtfeld gefallen sind. Die mehrsprachigen Zeitschriften des Kalifats haben damit begonnen, eine Heldengalerie einzurichten. Der Dschihadist des Kalifats wird gesehen und soll gesehen werden: Christian Emde alias Abdul Malik aus Solingen bzw. Düsseldorf, Robert Baum alias Uthman al-Almani, die Zwillinge Kevin und Mark K. und Abu Jafar al-Almani, sie alle werden von der Propaganda des Kalifats als Beispiele kriegerischer Männlichkeit gefeiert.[7]

Dieses kodifizierte Konstrukt einer kriegerischen Männlichkeit mag man »theatralisch«[8] finden, aber eigentlich ist es ethisch, hat man es dabei doch weder mit einem Bühnenbild und Schauspielern noch mit gespielten Opfern zu tun. Wir werden mit den Taten einer Ethik der Männlichkeit konfrontiert.

Der Wunsch, erkannt zu werden, ist eine Strategie der unausweichlichen Präsenz: Man will physisch erkannt werden und die ethische Anerkennung der Gefolgsleute des Kalifats und des Kalifen selbst entgegennehmen. Deshalb werden die »Löwen«[9] gefeiert, die Helden des Kalifats, die durch ihr erhabenes Selbstopfer eine Art militärischen Adel bilden: Dieses System der Anerkennung, ostentativ und streng, gibt Halt und Struktur.

Ein gerechter Krieg muss ostentativ sein, wenn man ihn wirklich für gerecht hält: Diese Tatsache wollen wir uns, in unserer Zeit, da Kriege heimlich oder risikolos geführt werden (im Gegensatz zur Zeit der Invasion des Irak) und alles Spektakuläre vermeiden, nicht mehr eingestehen. Dieser Krieg beansprucht für sich selbst die Strahlkraft des Guten, also mehr noch als bloße Macht.

Die Regierungen der westlichen Staaten sind in der Tat gleichsam machtlos geworden: Ihr zur Schau gestelltes Kapital wurde vergeudet, und sie bringen kein Verständnis mehr für die ethische Kraft der Zurschaustellung auf. Sie sind nicht mehr mächtig im Sinn eines respekteinflößenden »Da-Seins«, Respekt verstanden als Innehalten vor dem Feind, als Blick mit einigem Abstand (*re-spectum*) auf eine spürbare Macht, die sich als faktische Macht materialisieren und jederzeit neu beleben lassen könnte.

Das Kalifat jedoch zwingt uns dazu, sich damit auseinanderzusetzen.

Der Nahkampf

Plötzlich ist ein Gegenüber da. Die *Islamic State Hacking Division* des Kalifats postet im Internet Namen, Adressen und Fotografien von etwa hundert amerikanischen Militärs. Die amerikanischen Geheimdienste haben bestätigt, dass es mindestens zwei weitere Fälle von Piraterie gegeben hat, es sei ihnen aber gelungen, die Verbreitung der Fotos rechtzeitig zu stoppen.[10]

Dies ist eine Reaktion des Kalifats auf die regelmäßige Veröffentlichung »enttarnter Terroristen« durch das American State Department.[11] Aber während diese Listen wie abstrakte bürokratische Handzettel aussehen, veröffentlicht die Cyberpiraterie die Identität der feindlichen Soldaten und ihrer Familien und bestimmt sie zum Ziel von Gewalttaten: »Stecht sie ab, wenn sie auf der Straße gehen und sich in Sicherheit wiegen.«[12] Diese Botschaft ruft zu einem entgrenzten Krieg auf, zu einem Krieg, in dem es keinen Schutz oder Rückzug mehr gibt: ein Krieg, in dem sich niemand vor dem Gegenüber verstecken kann.

Mit anderen Worten: Das Kalifat personalisiert den Krieg.

Asymmetrischer Krieg und virtuous war[13]

Der westlichen Gewalt, die entweder aus einem Flugzeug heraus, von Robotern oder von geheim operierenden Spezialkommandos ausgeübt wird, begegnet das Kalifat durch die Gewalt Mann gegen Mann. Anonyme Luftschläge beantwortet es mit persönlichen Attacken. Die Kriegführung der westlichen Alliierten, die distanziert und tendenziell unpersönlich ist, wird auf den Boden des direkten und persönlichen »Nahkampfs« zurückgeführt.

Eine Erklärung: Seit dem Koreakrieg und als Folge des atomaren Gleichgewichts verfolgen westliche Strategen die Doktrin des »asymmetrischen Krieges«. Die Demokratien führen Krieg, aber sie vermeiden den Nahkampf. Vielmehr setzen sie auf technologische Asymmetrie. Sie nutzen ihren technologischen Vorsprung, durch den sie dem unmittelbaren Kontakt mit dem Feind aus dem Weg gehen und Risiken mindern, besonders gern in Form von Luftschlägen[14] (*strike warfare*) mit Roboterunterstützung[15]. Deshalb sind seit dem ersten Golfkrieg (1990), der Bombardierung Serbiens und schließlich Iraks und Afghanistans Luftschläge oft das Mittel der Wahl (ein Merkmal der Invasion im Irak 2003 war maßgeblich der Mangel an Bodentruppen, trotz des gegenteiligen Anscheins, den Propaganda und amerikanisches Kino erzeugten).

Gelegentlich verbinden die Strategen die asymmetrische Kriegführung[16] mit einem zweiten Begriff, nämlich dem des *virtuous war*:

> Die technische Möglichkeit und die ethische Notwendigkeit [wenn ein Staat beispielsweise »sein Volk misshandelt« oder die UNO das Mandat zu einer Intervention erteilt], zu drohen und die Gewalt aus der Entfernung tatsächlich auszuüben – und dabei die Verluste [für den Angreifer] so klein wie möglich zu halten.[17]

Gerechtigkeit besteht hier darin, das Risiko von Verlusten an Material und Menschen sowie unnötige Ausgaben möglichst klein zu halten. Militärische Drohnen sind also die logische Fortführung eines Vorgangs, den man »Risikovermeidung« nennt, ein Vorgang, der aus dem Finanzmanagement kommt. Der gerechte Krieg resultiert somit aus einer Asymmetrie, die den massiven und legalen Gebrauch der Gewalt sanktioniert, und das im Rahmen eines Kriegsmanagements (»die Kosten minimieren«), das die Oberhand über den Nahkampf gewonnen hat.[18] Diese rhetorische Konstruktion der Strategen für den Generalstab, formuliert in einer selbstreferentiellen Sprache, wurde durch das Kalifat zunichtegemacht – durch die Rückkehr des männlichen Kriegers.

Kriege gewinnen somit einen sterilen Charakter: Distanz-waffen, so wenig Opfer wie möglich auf unserer Seite, so viele wie möglich auf der anderen Seite – wobei man nicht einmal vor Dorfhochzeiten Halt macht, wie zum Beispiel im Irak und Afghanistan geschehen, als man die Zielparameter falsch eingestellt hatte. Die Zahl der zivilen Opfer ist zwar erschreckend hoch, aber für uns ist sie nichts weiter als eine Zahl, während sie vor Ort menschliche Realität ist.[19]

Denn indem wir uns der Bürokratensprache des Fernkrieges bedienen, betäuben wir vor allem unser schlechtes Gewissen angesichts der Gewalt, die wir ausüben. Bezeichnenderweise folgen wir dabei einer Argumentationslinie, die dem Klischee verhaftet bleibt: Stirbt ein Polizist während eines Angriffs, ist er ein »Opfer der Pflicht«. Für das Kalifat ist ein Soldat, der fällt, ein Held der Pflicht. Ganz auf der Linie einer Ideologie der Nähe reduzieren wir den toten Verteidiger oft auf seine persönliche oder familiäre Dimension, während wir den Krieg und seine tatsächliche Realität entpersonalisieren.

Das Kalifat hingegen betreibt eine Re-Personalisierung des Krieges, es verändert den Begriff des Risikos, es mischt die Karten im Spiel um die moralische Überlegenheit neu (denn für seine Soldaten und Partisanen hat der Appell des Kalifats eine ethische Dimension) und treibt zum blutigen Kampf Mann gegen Mann.

Das Kalifat macht den Krieg wieder zu einer Sache der Männlichkeit, es belebt eine kriegerische Tugend neu, die mit dem aus dem Management stammenden Begriff des risikolosen Krieges nichts gemein hat. Es macht den Krieg erneut zu einer Angelegenheit der Nähe. Es treibt die Logik der Personalisierung des Krieges auf die Spitze.

Das Kalifat führt uns also zurück an den metaphysischen Ursprung des Krieges: *bellum*, »der Krieg«, ist eine Erweiterung von *duellum*, »das Duell« von Angesicht zu Angesicht. Es ist an der Zeit, dass die Risikoverwaltung dem Kampf Mann gegen Mann weicht. Mit anderen Worten: der Realität ins Gesicht zu blicken.

Diese Männlichkeit, die der Kriegführung von Angesicht zu Angesicht innewohnt, nimmt eine neue, erschreckende Form an: das Menschenopfer.

KAPITEL IX

ISLAMISCHE PORNO-POLITIK

Mit einstudierter Geste schwingt er das Messer, droht dem Westen, Frankreich, Obama mit auswendig gelerntem Text oder mit Hilfe eines Teleprompters und tötet nach einem festgelegten Ritual. Natürlich haben nur wenige unter uns die blutige Szene im Ganzen zu Gesicht bekommen, es sei denn, sie machen sich bei ihrer Suche im Internet zum Ziel polizeilicher Überwachung, weil sie die Sperre einiger von der staatlichen Zensur verbotenen Websites umgangen haben. Das Fernsehen zeigt immer nur ein Detail, emblematisch hervorgehoben durch die orangefarbenen Latzhosen, eine Kopie der Anzüge, in die die Amerikaner ihre politischen Gefangenen in Guantanamo stecken.

Verschämt zeigen uns die Medien nie die eigentliche Folter. Was sie uns aber in reduzierten Bildern, die die Qual in Bild und Ton nur andeuten, dennoch zeigen, ist etwas Erstaunliches.

Mit dem Terroristen, der auf der Bühne des Kalifats schlachtet, kehrt eine außerordentliche Form des Politischen zurück, die bei uns geächtet wird – seit dem Völkermord an den Juden, in geringerem Maße seit Hiroshima und höflich diskret seit dem Gulag. Die Regeln dieser Ächtung gelten für die politische Sphäre einer Zeit, in der das Politische unkontrollierbar war, sie gelten für einen politischen Raum und eine politische Zeit, die durch und durch vom »Bösen« durchdrungen war.

Durch diese Ächtung wurde die Gewalt nach 1945 zwar nicht gänzlich aus der Sphäre des Politischen verbannt, aber es gelang, sie zu zähmen. Wurden wir dennoch mit Formen des Bösen in der Politik konfrontiert (was bei den lokalen Kriegen nach 1945 und vielen Massakern im großen Stil unausweichlich geschah), vermochten wir mit den Auswirkungen und Bildern umzugehen, kurz gesagt, die Spuren zu verwischen und oft sogar die

Handelnden freizusprechen. Das ist die Bedeutung, die der oft wiederholten Formel von der »Banalität des Bösen« innewohnt: Es ist uns gelungen, das politische Böse (nicht »das Böse«) banal, handhabbar und integrierbar zu machen.

Mit dem öffentlichen Schlachten, förmlich in Live-Übertragung, erscheint ein anderes Phänomen auf der Bildfläche: eine Form des politischen Bösen, die sich nicht kontrollieren lässt. Die Formulierung »nie wieder« hat man oft gehört. Jetzt aber geht es um etwas anderes: eine neue, zur Schau getragene, verherrlichte, ästhetisierte, ethisch unterfütterte Gewalt, die zugleich absurd, gemein, grotesk und unmenschlich anmutet – eben Porno-Politik[1].

Wie »das da« benennen?

Um mit diesem »das da«, der Porno-Politik, zumindest auf der begrifflichen Ebene fertigzuwerden (ein notwendiger Anfang), haben wir versuchsweise bestimmte Begriffe verwendet (»Henker«, »Folterer«, »Wilder«, »Barbar«) oder, wie die Blogger im Internet, ganze Fuhren an Beleidigungen ausgekippt – das alles in dem naiven und instinktiven Versuch, dem Bösen wenigstens sprachlich etwas entgegenzusetzen. Ein solcher Wortschwall entlastet vom Nachdenken.

Leider zeigt unser Wortschatz zur Benennung des Bösen aber gewisse Abnutzungserscheinungen: Wie kann man die Mörder des Kalifats »barbarisch« nennen, wenn jemand, der nach einer Katze tritt, ebenfalls als »barbarisch« bezeichnet wird? Und wie kann man von ihnen als »Wilden« sprechen, wenn man schon Kleinkriminelle in der S-Bahn als »Wilde« abtut?

»Enthauptung«? In Frankreich waren und sind die Medien noch immer zögerlich, für das »Schlachten« ein anderes Wort als »Enthauptung« zu gebrauchen. Aus dem einfachen Grund, weil »Enthauptung« (frz. *décapitation*) seit der Französischen Revolution zum politisch beherrschbaren Regelwerk gehört, seit der Zeit nämlich, als man alle Übeltäter, vor allem die politischen, enthauptete (den König, die Aristokraten, die Priester). *Décapitation* ist in der modernen französischen Geschichte ein edles und revolutionäres Wort: Die Enthauptung bestraft den Feind des Volkes und der Nation. Wer das Schlachten der Opfer durch das Kalifat »Enthauptung« nennt, verkennt das darin verborgene Paradox; denn man meint damit implizit, die »Henker« gehörten auf die Seite der Gerechten und die »Enthaupteten« auf die Seite des Bösen. Unser Gebrauch der Bezeichnung ist nicht einfach nur irrig, sondern auch irreführend. Die westlichen Medien vermeiden es im Allgemeinen, den Akt als *égorgement*, also Schlachtung, zu bezeichnen und ziehen auf Englisch, Spanisch, Französisch und Italienisch das Äquivalent für »Enthauptung« vor. Aber »das da« ist eine Schlachtung.

Die Verwirrung, wenn wir eine solche Szene in Worte fassen sollen, ist inzwischen so groß, dass wir in unserem Bemühen, das Böse aus der Politik herauszuhalten, am Ende das Gegenteil von dem sagen, was der sprachliche Code uns vorgibt.

Ein weiterer kodifizierter und entwerteter Begriff ist der des »Henkers«.

Aus der jüngeren französischen Geschichte kennen wir Henker aus der Zeit des Zweiten Weltkriegs, nämlich die »deutschen Henker« oder die »Nazis«. In der speziellen Situation der Niederlage war dem Begriff »Henker« eine interessante Bedeutungsverschiebung widerfahren: In dieser Zeit der beispiellosen Erniedrigung Frankreichs, unter einer grausamen Besatzungsmacht und brudermörderischem Verrat in einem seit dem Hundertjährigen Krieg ungesehenen Ausmaß, wurde der Begriff »Henker« auf den Besatzer angewandt. Der deutsche Besatzer wurde vom Feind zum Henker. Und zwar nicht nur ein Henker durch seine Taten, sondern beinahe metaphysisch ein historischer Henker durch das unerhört Böse, das er Frankreich zufügte. Verwirrt versah man ihn mit einem Begriff, der eigentlich einem Justizbeamten vorbehalten war: Der Besatzer war ein höherer, historischer Henker, der uns wegen bestimmter Vergehen bestrafte, und er war ein politischer Henker in der Praxis. Darüber hinaus wurde er durch Völkermord und Massaker zu einem Henker, dessen unheilbringende Gewalt alles übertraf, was die Menschheit »normalerweise« zu tun imstande war.

Man hätte also annehmen können, dass »Henker« zum Oberbegriff für die Bezeichnung des dschihadistischen Terroristen würde. Aber dem ist nicht so. Der Begriff wird heute zwar gelegentlich gebraucht, hat sich aber nicht durchgesetzt. Warum ist das so, obwohl man den Begriff doch im Fall des deutschen Besatzers und des Personals in den KZ gebrauchte und gebraucht? Was unterscheidet sie voneinander, den deutschen Folterer, der einen Gefangenen mit dünnem Stahldraht an den Daumen aufhängte und Teile seines Körpers mit schweren Steinen beschwerte, bis der Gefangene unter furchtbaren Qualen und mit dem Satz »Vive la France« auf den Lippen starb, und den Terroristen, der einen vor ihm knienden Christen exekutiert, einen Christen, der noch ein letztes Mal »Jesus, Jesus!« ruft, bevor ihm die Kehle durchtrennt wird?

Der Grund kann nicht sein, dass das Kalifat in Frankreich keine Besatzungsmacht ist: Die vielen Terrorakte, die von Partisanen des Dschihadismus auf französischem Staatsgebiet begangen wurden, sollten hinreichend belegen, dass die Besatzung längst Realität ist (siehe Kapitel XIII).

Wir tun uns deshalb schwer, das Wort »Henker« zu gebrauchen, weil wir angesichts einer Schlachtung durch das Kalifat dunkel ahnen, dass zweierlei wieder aufgetaucht ist: Das Böse als integrale Dimension der politischen Sphäre und das Opfer als ausführende Instanz des Bösen in der Politik.

Wir glaubten, wir hätten das Böse und das Opfer aus der Politik vertrieben. Nun sind sie wieder da, und zwar unwiderruflich.

Der Terrorist steht uns als Opferpriester gegenüber. Falls das Kalifat tatsächlich mit Mitteln der psychologischen Kriegführung arbeitet,[2] dann ist dies das radikalste Mittel von allen: die Wiederkehr des Opferpriesters.

Opferriten der Porno-Politik

Die Schlachtungen sind Inszenierungen, die das Heilige darstellen, in einer Form, die wir zwar vergessen haben, die aber immer noch tief in uns schlummert. Sie sind Formen der Porno-Politik.

Das Heilige muss »phänomenal« sein, wenn es sich selbst in Szene setzt. Schlachtungen sind insofern phänomenale Szenen, als sie ein reales, aber ungewöhnliches Ereignis, eben ein Phänomen darstellen: die Dimension des Opfers in der Sphäre des Politischen zu Beginn des 21. Jahrhunderts.[3] Also sieht die französische Nation auf ihren Bildschirmen, die die Wirklichkeit zeigen, erneut die Szene mit dem Opferpriester[4] – ausgerechnet die französische Nation, die seit der Auslöschung des Katholizismus zwar den Sinn für das Heilige verloren, sich aber dennoch eine atavistische Sensibilität für das Heilige bewahrt hat.

Nachdem Europa wegen der Banalisierung der Religion oder der Säkularisierung[5] den oft gewalttätigen Sinn für das Heilige verloren hat, erlebt es jetzt häufig ein plötzliches Wiederauftauchen einer atavistischen und unbewussten Faszination für den Schrecken des Heiligen im medial vermittelten Ritual des dschihadistischen Opfers und der pornographischen Figur des schlachtenden Soldaten. Daher rührt die extreme Verwirrung, wenn man versucht, das Wiederaufleben dieses Phänomens, das aus einem gänzlich anderen Zeitalter kommt, im wahrsten Sinne des Wortes zu verstehen – nur dass dieses andere Zeitalter von nun an das unsrige ist und auch bleiben wird.

Das Ritual des terroristischen Schlachtens ist Teil einer Liturgie, in der ein Soldat eine religiöse Handlung vollzieht. Der Offizier, der ein Erschießungskommando leitet, führt einen Befehl aus. Noch nicht einmal der Gnadenschuss hat eine religiöse Konnotation. Aber der opfernde Terrorist ist kein militärischer Vollstrecker, sondern ein Priester im Ornat sowohl der militärischen als auch der religiösen Macht; sie begegnen sich im Opfer.

Das Entsetzen, das wir angesichts dieser immer wieder ausgeübten spektakulären Taten empfinden, verdankt sich zum Teil der Tatsache, dass sie militärisch und liturgisch zugleich sind. Den Skandal, der in dieser militärisch-religiösen Verbindung liegt, nimmt man zwar wahr, ohne aber eine Erklärung dafür zu suchen. Unsere Anthropologie (die Art, wie wir den Menschen denken, eine Logik des *anthropos*) bietet uns keine Anhaltspunkte, weil wir uns hier einer ganz anderen anthropologischen Realität gegenübersehen.

Schauen wir uns den iranischen Islam an: Hat man jemals gesehen, wie ein Soldat der islamischen iranischen Revolution eine moralische Ansprache hielt und einem Opfer die Kehle durchschnitt, trotz aller Kriege und Schlachten, die seit der Entthronung des Schahs und der Erneuerung der schiitischen Herrschaft stattgefunden haben?[6] Nein, denn das ist nicht seine Aufgabe.

Tatsächlich entstammen Iraner und Europäer einer gemeinsamen anthropologischen Sphäre, in der die Funktionen der Gesellschaft auf drei verschiedene Ebenen verteilt sind. Erstens die religiöse und politische Funktion: In ihr hat sich zum Beispiel die staatliche Bürokratie nach dem Modell der Kirchenverwaltung entwickelt; so wurden Wahlformen, die aus dem klösterlichen Leben stammten, auf säkulare Versammlungen übertragen, und das Charisma der Macht hat sich vom Religiösen auf das Säkulare und Demokratische verschoben; zwei-

tens die Funktion von Militär und Polizei, die vom Gesetz festgelegt wird; drittens die produktive Funktion der ökonomischen
Güter und Werte.

Im Iran, einer indoeuropäischen Kultur, regiert der Klerus,
schützen die Revolutionsgarden und arbeiten die Menschen –
das ist das von Platon in der Republik beschriebene trifunkti-
onale Modell.[7]

Unsere Anthropologie der politischen und sozialen Welt,
beruht also auf der dreifachen Unterscheidung, nämlich zwischen denen, die die königliche Macht im Namen höherer an-
erkannter Werte verwalten (die Republik, die Nation), denen,
die die Gemeinschaft im Namen des Gesetzes und der legitimen
und geregelten Ausübung von Gewalt beschützen, und denen,
die den gemeinschaftlichen Reichtum durch Arbeit und Handel
erschaffen und aufrechterhalten. Jede Funktion hat ihren Ort
und ist als integraler Bestandteil der Struktur jeder anderen
gleichgestellt. Die Trifunktionalität findet sich kaum verändert
in der demokratischen Organisation von Exekutive (Staat und
Verwaltung), Judikative (Gesetz und Verteidigung des Gesetzes)
und Legislative (Repräsentation der Nation als Quelle des
Reichtums) wieder.

In der anthropologischen Sphäre, der die semitische und die
arabisch-muslimische Welt, mit Ausnahme des Irans, entstammen, gibt es jedoch keine derartige funktionale Dreiteilung.

Ein arabisch-islamischer Soldat kann als Opferpriester handeln und seine Handlung während einer Liturgie des Menschen-
opfers auch als solche bezeichnen. Er verbindet somit zwei
Funktionen, die erste und die zweite. Oder vielmehr verbindet
er sie nicht, weil sie in seiner anthropologischen Verwurzelung
als Unterschiede gar nicht existieren. In Wahrheit handelt er gemäß dem semitischen Begriff des von Gott »auserwählten Volkes«, das ihm als Basis für seine Handlungen gilt; diese »Auswahl« vollzieht sich fortlaufend und gewaltsam zum Schaden
aller anderen Völker, die das Auserwähltsein nicht für sich

beanspruchen, sich darüber lustig machen oder denen man es verweigert.

Durch und durch postmodern lässt der opfernde Soldat brutal und für jeden sichtbar alte kulturelle Instinkte als Porno-Politik wiederaufleben – die mächtigen »Residuen« eines prä-logischen Denkens[8], verankert in einem anthropologischen Substrat, das seine Handlungen bestimmt.

Die militärische Schlachtung erfüllt damit alle Regeln einer Liturgie.

Liturgie des Opfers

Zeit, Raum und Ablauf – alles daran ist kodifiziert, wie in einem Ritual. Ein Ritual ist prinzipiell wiedererkennbar und repetitiv. Ein Ritual, dessen Bilder und Handlungen sich verändern, ist kein Ritual mehr, sondern ein Ereignis. Wir machen den Fehler, jede Schlachtung auf ein Ereignis zurückzuführen, statt das Ganze als Ritual zu betrachten. Wieder einmal sind wir auch hierin Gefangene unserer medialen Fixierung auf das Ereignis-hafte, die *breaking news*.

Das religiös-militärische Opfer folgt also, wie jede Liturgie, einer festen zeitlichen Abfolge: Das Kalifat verkündet, dass es ein Opfer geben wird, darauf folgt banges Warten, dann taucht ein Video auf, das die Opferung zeigt, schließlich die Kommentare des Kalifats in seinen Zeitschriften und Botschaften; und dann geht es wieder von vorne los: Ankündigung, Warten, Opferung, Kommentar; und dann wieder und wieder. Eine Liturgie, die sich durchsetzen will, bedarf eines Rituals, und dieses Ritual muss repetitiv sein.[9]

Abgesehen von diesem geregelten Ablauf passt sich das Ritual in einen höchst symbolischen räumlichen Rahmen ein: schwarzer oder gelber Untergrund oder Sand (Wüste, Ufer oder einfach Studio), Himmel oder Meer, blau wie in einer Buchmalerei, dazu die menschlichen Figuren, die orangefarbene, kniend in der Haltung des Opfers, und die schwarze, stehend in der Haltung des Opferpriesters. Oder zwei feierliche Reihen von Opferpriestern hinter den Opfern. Jeder rituelle Akt braucht Norm (die Inszenierung) und Wiederholung (die Handlungen).

Die Internetsurfer, die sich darüber lustig machen, wie wenig Material das Kalifat für seine Opferszenen benötigt, haben nichts begriffen: Das hier ist kein Kino, sondern Realität, und zwar eine religiöse Realität, die erfordert, dass ihre Regeln dauerhaft sind, denn nur durch die Dauerhaftigkeit der Regeln wird die Übermacht des Heiligen spürbar.

Die Wortäußerungen der Hinrichtungsvideos sind in ihrer Abfolge ebenfalls kodifiziert: Das Opfer tut einige Worte der Buße, der Opferpriester hält eine moralisierend anklagende Rede, oder aber er nimmt das Opfer zum Anlass für eine allgemeine Ermahnung. Eine weitere Hypothese lässt sich ebenfalls nicht gänzlich ausschließen, nämlich die, dass einige der ersten Geopferten (humanitäre Hilfskräfte oder militante Menschenrechtler) den Standpunkt ihrer Mörder geteilt hätten; schließlich haben einige von ihnen selbst geäußert, sie hätten sich vor Ort begeben, um das von ihren Regierungen angerichtete Böse wiedergutzumachen.[10] In diesem besonderen Fall sind ihre letzten Worte tatsächlich Bußreden.

Diese beiden Redeformen, die Buße und die Ermahnung, folgen einem weiteren unveränderlichen und rituellen Code des Opfers: Das Opfer büßt in Worten, was es in Taten begangen hat, und seine Worte haben Vorbildcharakter. In neueren Videos geht der Hinrichtung ein längeres Interview voran, das außerhalb der Hinrichtungsszenerie aufgenommen wurde und in dem das Opfer Selbstkritik übt.

Nur ein einziges Mal wurde dieses Ritual gestört: Während der Opferung von zwanzig koptischen Christen konnten die Mörder von diesen »Nazarenern« nicht erwarten, dass sie ihren Abfall vom Glauben kundtaten und im letzten Augenblick zum

Islam übertraten. Genauso wenig konnten die Mörder verhindern, dass die Geopferten »Jesus, Jesus«[11] riefen. Doch ein Christ, der bereit ist, das Martyrium zu erleiden, erkennt das Böse, wenn er es sieht. Einem normalen, der Religion entfremdeten Menschen des Westens hingegen fehlt jeder Anhaltspunkt, abgesehen von einigen wenigen sinnentleerten Worten (»Barbaren«, »Wilde«).

Die Rede des Opferpriesters ist eine moralische Ermahnung, die man zwar empörend finden mag, aber rhetorisch als solche hinnehmen muss: Sie dient einerseits dazu, dem Feind zu erklären, warum das Opfer stattfindet, damit es als gerechte Tat erscheint; andererseits richtet sich die Mahnung an all jene, die nach wie vor auf der Suche nach dem rechten Weg sind, dem Weg des Kalifats.

Also nimmt der Opferpriester die Opferung zum Anlass, durch Analogieschluss ein allgemeines Muster abzuleiten, das uns alle angeht: Das Opfer wird nicht als »abschreckendes Beispiel« ermordet, denn das Ritual ist keine Vergeltungsmaßnahme (in einem Eroberungskrieg tötet man zur Abschreckung, damit die Menschen stillhalten und nicht dem Beispiel der Revolte folgen). Vielmehr wird das Opfer anlässlich einer politisch-religiösen Liturgie geschlachtet.

Gerade diese Kombination von Bußrede und Mahnrede sendet die Botschaft und verleiht ihr in der arabisch-muslimischen Medienwelt, die anders funktioniert als die Welt der westlichen Medien, eine Kraft ohnegleichen. Die Szene mit dem Opferpriester ist eine Inszenierung der moralischen Propaganda. Wegschauen nützt nichts: Buße und Opferung sind moralische Handlungen.

Aber, auch auf die Gefahr hin, etwas Offensichtliches zu sagen: Das, was hier geopfert wird, ist der Körper eines Menschen.

Von der Beleidigung zur Verstümmelung

Wie und warum kehrt mit dem Opfer der Körper in die Politik zurück?

Den Körper zu manipulieren gehört zu den Konstanten in der Politik.[12] Von den Foltern des Ancien Régime bis zur Behandlung von Häftlingen und psychisch Kranken im 19. Jahrhundert, von der schulischen Gesundheitsfürsorge bis zur Abtreibung hat der Körper in der Politik verschiedene Phasen der Manipulation durchlaufen. Seit ungefähr vierzig Jahren lässt man in Frankreich dem menschliche Körper als politischem Objekt feste rechtliche Bestimmungen angedeihen – Abtreibung, Präventivmedizin, Recht auf Sterben sind drei Formen der Prävention, die dem Körper Leid ersparen sollen: Prävention davor, gebären zu müssen, Prävention davor, krank sein zu müssen, Prävention davor, würdelos sterben zu müssen. Der Körper wurde in Gänze säkularisiert und ein Objekt der Verwaltung.

Mit den Opferungen durch das Kalifat rückt der Körper als Objekt der Politik plötzlich wieder in den Vordergrund – und zwar sowohl der Körper des Opferpriesters (siehe voriges Kapitel) als auch der Körper des Geopferten. Der Körper ist Teil des Gesamtbildes, und das ist offenbar so unerträglich, dass wir keinen Zugang zu diesen furchtbaren Videos haben dürfen. Das Kalifat erinnert uns daran, dass der Körper ein politisches Objekt ist.

Was wird aus den Körpern der Geopferten? Darüber erfahren wir nichts. Bekommen sie ein »würdiges Begräbnis«, wie man sagt? Werden diese Körper mit Steinen bedeckt, so dass sie selbst Grabstätten werden, also Orte, wo eines Tages Religionsbrüder oder Landsleute zusammenkommen können? Nein. Wahrscheinlich werden sie einfach an Ort und Stelle liegen gelassen und der Verwesung preisgegeben.

Das Opfer beginnt also mit einer Beleidigung und endet mit der Schändung der Leiche: Entsprechend den militärischen

there never ever was somebody it is just "is is" (siehe vo gestellt)

Praktiken islamistischer bewaffneter Truppen in Algerien unterliegt die materielle Gewalt gegen den Körper des Feindes einer präzisen Rhetorik, die von der Beleidigung zur Erniedrigung, zu Tod und Verstümmelung und schließlich zur Schändung der Leiche fortschreitet.[13] Im Verlauf dieses Prozesses wird der Feind systematisch und symbolisch ausgelöscht: Am Ende existiert er nicht einmal mehr als Kadaver.

Tatsächlich hat das Kalifat den Vorgang des Opferns, den es in Serie reproduziert, systematisiert und zu einem Mittel der Strategie gemacht: Jede Hinrichtung ist exemplarisch in einer festgelegten Kategorie (jede Hinrichtung repräsentiert eine Kategorie: ein Journalist, ein humanitärer Helfer, Christen, Abtrünnige, Verräter, Spione); jede Hinrichtung wird zum Zweck der Apologetik in den Zeitschriften des Kalifats wieder aufgegriffen (eine Hinrichtung ist lehrreich für diesen oder jenen Aspekt des Kampfes); jede Hinrichtung erlaubt es, einen Soldaten oder Partisanen als lobenswertes Vorbild zu präsentieren.

In dieser Form des Terrorismus liegt also noch mehr verborgen: die Verwandlung des Feindes in nichts und des Soldaten des Kalifats in alles.

Die Geopferten werden nicht zu Heiligen oder Helden. Sie werden zu einem Nichts. Der opfernde Terrorist sagt uns genau das, sagt es uns ins Gesicht: Ihr werdet geleugnet. Ihr seid nichts.

Die Antwort auf diese Leugnung unserer Existenz kann nicht in einer präventiven Verwaltung des Terrorismus bestehen – denn wer präventiv tätig ist, gibt bereits zu, dass das Böse existiert. Es gilt vielmehr, dieses unumkehrbare Überschreiten einer roten anthropologischen Linie, eine Überschreitung, die uns schleichend dazu bringt, die hilfreichen Unterschiede zwischen der Ordnung des Politischen, der Ordnung der Gewalt und der Ordnung der Güter zu vergessen, öffentlich und politisch in Frage zu stellen. Mitleid ist keine politische Tugend.[14]

Wir müssen uns dieser Vision von einer Welt widersetzen, in der allein die »Auswahl«, im religiösen Sinn, zählt und alles andere geopfert wird. Und wir müssen dazu auf den Fundus unserer eigenen Werte zurückgreifen.[15] Den Anfang könnte beispielsweise eine Erklärung machen, warum es Menschen gibt, die buchstäblich Körper und Seele auswechseln, warum sie sich zu Gott und dadurch zum Islam bekennen, also im Grunde doppelt konvertieren.

KAPITEL X

UNERKLÄRLICHER TERRORIST?

Wie lässt sich erklären, dass ein Franzose Soldat des Kalifats wird? Diese Frage wurde einst auch in Amerika und der Bundesrepublik Deutschland gestellt: Wie kann ein Amerikaner oder Deutscher »so etwas« werden? Das ist »unverständlich«[1].

Amerika, 1953: Nach dem Waffenstillstandsabkommen im Koreakrieg wurden 20 000 Gefangene vorläufig in einem neutralen Lager untergebracht, aus dem jede Kriegspartei (Süd- und Nordkorea, Republik China, USA) ihre Landsleute abholen konnte.[2]

Das Problem war: Viele wollten gar nicht zurück in ihre Heimatländer. Deshalb entsandte jede Partei für sich Teams, die ihren Staatsangehörigen »erklären« sollten, warum es vorteilhafter wäre, nach Hause zurückzukehren. Diese unter dem Schutz der UNO stehende Mission nannte sich Erklärungsmission. Aber alle Gefangenen (Chinesen, Koreaner beider Seiten, Amerikaner) hatten die Wahl: hierhin oder dorthin? In den USA wuchs sich diese Affäre zu einer Krise nationalen Ausmaßes aus, weil sich etwa zwanzig junge Soldaten weigerten, in die USA zurückzukehren. Man ließ nichts unversucht, ihnen zu erklären, warum sie gehen sollten, man pries ihnen ihre Heimat in den höchsten Tönen. Alles umsonst. Und dann musste man vor allem den Familien, den Leuten, der Nation erklären, warum ihre *boys* sich weigerten. Pressekampagne, Skandal. Sie gaben nicht nach und blieben, einige in Nordkorea, einige in China.

Medizinische Erklärung für die amerikanische Öffentlichkeit: Man hatte die *boys* einem *brainwashing* unterzogen – ein Begriff, der wegen dieses Ereignisses in unseren Wortschatz eingegangen ist. Unsere *boys* finden, dass es bei den Roten besser ist! Man muss ihnen das Gehirn gewaschen haben.

Verzweifelt, weil sie nach den leidvollen Erfahrungen von Krieg und Gefangenschaft nicht wie Erwachsene behandelt, sondern auf indoktrinierte unreife Jungs reduziert wurden, gaben die *boys* sich selbst den Namen »*the Unexplained*«, die Unerklärten, denen man nicht zu erklären brauchte, warum sie lieber beim Feind blieben. Während des letzten Besuchs der Erklärungsmission entrollten sie ein Spruchband: »Wir sind die Unerklärten.«

Auch die Jugendlichen, die konvertieren und sich den Brigaden des Kalifats anschließen, sind »unerklärt«[3]: Hat man ihnen womöglich auch das Gehirn gewaschen, und zwar bis hinunter zur Hirnwurzel, wurden sie also »radikalisiert«?

Bundesrepublik Deutschland, 1976: Chirurgen öffnen den Schädel von Ulrike Meinhof, der Terror-Amazone der RAF. Das Objekt des Verbrechens übergaben sie Neurologen, die das Gehirn sezierten, mit dem Ziel, die Ursachen ihrer terroristischen Neigungen aufzuspüren. Für ihre offenbar geistige Verwirrung musste unbedingt eine medizinische Erklärung her: Wie konnte man 1970 in Deutschland Terroristin sein? Unmöglich konnte Ulrike Meinhof ihr Engagement für den Terrorismus frei gewählt haben, auch wenn sie sich damit in die große Tradition des 19. Jahrhunderts stellte. Sie musste geisteskrank gewesen sein. Sie konnte ebenso wenig freiwillig den roten Terror gewählt haben wie die *boys* den chinesischen Kommunismus.

Bei dieser Sezierung ging es nicht mehr darum, chemische oder physiologische Spuren einer »Gehirnwäsche« zu finden, vielmehr galt es, im Gehirnmaterial terroristische Zonen auszumachen. Eine Antwort versprach man sich nur auf dem Gebiet der Medizin. Es kam nichts dabei heraus, aber angenommen, es hätte ein Ergebnis gegeben, würde man dann alle »gefährdeten«[4] Jugendlichen lobotomisieren? Damit wäre dann der Gipfel der oben angesprochenen Kontrolle über den Körper erreicht.

134

Niemand schlägt mehr vor, die Gehirne der französischen Dschihadisten Mehra oder Coulibaly zu sezieren. 1976 hätte man das getan. Einige werden sagen, schade. 1976 ist noch nicht lange her.

Alles, was von den Phantasmen der Weißkittel bleibt, ist eine erklärende Rhetorik: die Erklärung durch medizinische Anomalien. In den USA wurde die These vorgebracht, für die Konversion zum Dschihadismus sei eine Form des Autismus verantwortlich, obwohl die Lektüre der Nachrichten des betreffenden jungen Mannes von erheblicher geistiger Reife zeugt[5] (außer man will jeden Glauben, der sich nicht im Rahmen der Mehrheitsmeinung befindet, als psychisch krank inkriminieren). Also fand man eine medizinische Erklärung und schuf zum Zweck der »Erklärung« eine medizinische Rhetorik zum politischen Gebrauch: Denn die Behauptung, man wisse, woran es liegt, beruhigt die Öffentlichkeit und gibt ihr die Gewissheit, dass die Verantwortung für empörende (zum Feind überlaufen) oder entsetzliche (Bomben legen) Taten außerhalb der Norm liegt, in den Bereich des Pathologischen gehört und obendrein »heilbar« ist.

Während der Serie von Attentaten, Angriffen und verschiedenen anderen Vorfällen in Frankreich, deren terroristischen Charakter der Staat, bis zu dem für jeden offensichtlichen Anschlag auf *Charlie Hebdo*, zu verschleiern versuchte, entwickelte sich eine medizinisch-soziologisch-psychologische Rhetorik – das sind drei Aspekte der Pseudowissenschaft des Sozialmanagements.

Es hat sich ein beruhigender sozialer und politischer Diskurs herausgebildet, der die Gewalt in rational fassbare Schranken weisen möchte. Die Gewalt soll aus der Öffentlichkeit herausgedrängt und rationalisiert werden: durch Geisteskrankheit (Psychiatrie), soziale oder familiäre Marginalisierung (Soziologie) oder ein undefinierbares Unbehagen (Psychologie).[6]

Erklärungen zur Beruhigung der Bevölkerung

Die öffentliche Rhetorik, mit der man den Terrorismus zu erklären versucht, hat drei Stadien durchlaufen.

Die medizinische Rhetorik

Die Medikalisierung des öffentlichen Lebens ist ein gesellschaftliches Phänomen: die Kriminalität, das Schulversagen, »das Lebensende«, der Alltag – alles wird zu einer Angelegenheit der Medizin.[7] Eine der großen Errungenschaften der postmodernen Demokratie ist der allgemeine Glaube an die Pharmazie als Allheilmittel. Sie reduziert den Bürger auf einen potentiellen Kranken, den man folglich überwachen und behandeln muss.

Vor der Medikalisierung wurde weggesperrt: Selbst auf harmlose Verbrechen stand Gefängnis (Mundraub in Hugos *Die Elenden*), Zuchthaus als Ergänzung zur Schule (die berühmte Strafkolonie von Mettray bei Jean Genet[8]), Kerker für psychisch labile Menschen und leichtlebige Frauen (Irrenanstalten und Zwangsjacken).

Auf diese allgemeine Rhetorik des Einsperrens als Heilmittel folgte die allgemeine Rhetorik der weltoffenen Medikalisierung. Dieser Rhetorik bedienten sich die Politiker, um zu erklären, »was man mit radikalisierten Jugendlichen anstellen soll« – weil ihnen nichts Besseres einfiel: Zunächst standen sie dem Phänomen des Terrorismus hilflos gegenüber, aber geschult, wie sie im Management sind, gewannen sie wieder die Oberhand und fassten erneut Fuß auf dem vertrauten Terrain der Bürokratie, diesmal mit Unterstützung des Gesundheitswesens.[9]

Nach *Charlie Hebdo* reicht aber auch diese rhetorische Schadensbegrenzung nicht mehr aus: Die öffentliche Wirkung der Tat, die den Alltag der französischen Hauptstadt, nicht einer Provinzstadt, lahmlegte, ihre offensichtlich sorgfältige Vorberei-

136

tung, ein Netzwerk, dessen effiziente Organisation man erst langsam entdeckt, Komplizen bis in die Ränge der Gendarmerie hinein, all das hat medizinische Erklärungen in den Hintergrund gerückt. Diese überraschende Aktion einer echten Stadtguerilla machte den offiziellen Diskurs, der mit psychomedizinischen Erklärungen zu beruhigen versuchte und die Wirklichkeit verleugnete, zu einem Ding der Unmöglichkeit. Der offizielle Diskurs gegenüber Terroristen wie Coulibaly und seinen Komplizen musste sich nach anderen Erklärungen umsehen, jenseits der Medizin: im Bereich des Sozialen.

Die psychosoziologische Rhetorik

Die Schießerei in der Redaktion von *Charlie Hebdo* machte deutlich, wie »unerbittlich« der islamische Terrorismus ist: Wenn das vordringliche Ziel des Gesellschaftsvertrages darin besteht, dass wir leben (anstatt uns gegenseitig zu töten), dann ist sein höchstes Ziel, dass wir besser leben, oder anders gesagt, dass das Gesetz des Dschungels, das Naturgesetz, einem friedlichen und wenn möglich besseren Leben weicht.

Dieser unerbittliche Terrorismus wirft uns auf den Ausgangspunkt zurück: den Punkt, an dem der Mensch dem Menschen ein Wolf ist. Der Terror macht die Sozialisierung zunichte. Außer der Lobotomie kennt die Medizin dafür weder Kur noch Therapie.

Daraufhin erschien plötzlich die psychosoziologische Erklärung auf der Bildfläche. Ihr zufolge wird Terrorist derjenige, der soziale, ökonomische und schulische Marginalisierung erfahren hat.

In Grundzügen wurde diese Theorie vor etwa zehn Jahren entwickelt, als Ergebnis zweier Studien über den palästinensischen Terrorismus in Israel und den *homegrown*, also hausgemachten, islamistischen Terrorismus in Großbritannien.[10] Die

Antwort lautete in beiden Fällen: Marginalisierung.[11] Später wurde die Theorie durch einen weiteren Deutungsansatz ergänzt, nämlich den Gruppeneffekt, die sogenannte *bunch of guys*-Theroie; sie besagt, dass eine Gruppe junger Männer, die eng miteinander befreundet sind, eine Terrorzelle gründet, aus der einige Mitglieder später auch aktiv werden. Vier Motivationen sollen die »Jungmännerbande« einen: die moralische Entrüstung angesichts der Ungerechtigkeit der Welt, eine Verbindung zwischen dieser Ungerechtigkeit und dem »Krieg gegen den Islam«, die Identifizierung dieser beiden Motive mit einer persönlichen traumatischen Erfahrung, der Kontext, also die besagte Bande, die als Resonanzkörper dient. Daraufhin soll sich die teuflische Maschine angeblich in Gang setzen.

Die Polizei soll diese Maschine zur Fabrikation von Stadtterroristen an fünf Kennzeichen erkennen können (die Polizei in New York hat vier Erkennungsmerkmale, anhand derer sie 250 *hotspots* Tag und Nacht überwacht): Verbundenheit mit dem Wortlaut des Korans, Zugehörigkeit zu einer streng religiösen Gruppe, Verachtung gegenüber dem Westen, Intoleranz gegenüber anderen Glaubensrichtungen, radikale politische Ansichten. Hinzu kommt die Marginalisierung, die das Ganze zementiert.[12]

Diesen Vorgang nennt man »Radikalisierungsprozess«. Die Fachleute fallen jedoch nicht auf ihre eigene Deutung herein, die sich für den Gebrauch in der breiten Öffentlichkeit einen leninistischen Anstrich gibt: Vielmehr zitieren sie gerne Trotzki mit den Worten, wenn man bloß arm sein müsste, um Terrorist zu werden, dann befänden sich die Massen in permanentem Aufruhr. Eine detaillierte Studie über die Mechanismen der Radikalisierung hat insgesamt zwölf davon ausfindig gemacht, kommt aber abschließend zu der offenherzig abwertenden Einschätzung:

Sicher wird man noch mehr Mechanismen finden. Unserer Erwartung nach werden mit zunehmender Radikalisierung noch mehr Mechanismen daran beteiligt sein, die sich gegenseitig beeinflussen und verstärken.[13]

Es ist klar, dass von dieser komödiantischen Psychosoziologie nicht viel zu erwarten ist. Wieder einmal geht es vor allem um Bürokratie, nicht darum, Deutungen zu finden.

Das Narrativ kommt ins Spiel

Weil jede öffentliche Rhetorik für alles, was sich außerhalb der sozialen Norm bewegt, eine Erklärung braucht, überlagert man den medizinisch-psychosozialen Deutungsansatz mit einem dritten erklärenden Diskurs, nämlich mit dem Narrativ. Das Narrativ besagt, für jede soziale Aktion gebe es eine »Geschichte«, die man sich und anderen erzählt, und diese Geschichte sei für sich selbst genommen wirkmächtig.

Diesem Ansatz zufolge gibt es ein schädliches Narrativ über die Unterjochung des Islams durch den Westen, das die Terroristen durch ein noch mächtigeres Narrativ erweitern, nämlich den Dschihad. Dieses Narrativ soll nun mit einem Gegennarrativ bekämpft werden, das unsere Anti-Terror-Dienste verbreiten sollen.

Das Konstrukt ist einfach: Potentielle Terroristen erzählen sich eine Geschichte über den Islam, die die Weltgeschichte aufhebt. Also muss man eine Gegenpropaganda erfinden und eine neue Geschichte erzählen, ein Gegennarrativ. Was die PR-Leute vor lauter Begeisterung über diesen Ersatz für die Literaturanalyse der siebziger Jahre vergessen, ist die Tatsache, dass man noch lange nicht versteht, warum ein Narrativ wirksamer ist als ein anderes, wenn man erklären kann, wie es funktioniert. Die strukturalistische Literaturanalyse, auf die diese Idee zurückgeht, beschäftigte sich mit Fiktionen und Figuren auf dem Papier, nicht mit Wesen aus Fleisch und Blut. Sie interessierte sich ausschließlich für die Virtuosität einer Textmontage in sich selbst, also eine Wirksamkeit im Bereich des Imaginären; mehr vermochte sie nicht zu erklären.

Neuen Aufschwung erfuhr das Narrativ jedoch in den Techniken der Personalverwaltung und des Marketings. Daher behandelt man auch den Übertritt zum Dschihadismus wie die Auswirkung eines kommunikativen Kuhhandels. Man behauptet: Die Werbung für den Dschihad sei besser gemacht als die Werbung für das, was nicht Dschihad ist. Doch diese Behauptung führt in eine kognitive Sackgasse: Eine transzendentale Idee ist kein materielles Produkt, das man einfach durch ein anderes ersetzen kann (und sogar muss, wenn die Investition weiter Gewinn bringen soll). Mit einem Ideal geht das nicht. Inzwischen hat der ein oder andere bemerkt, in welche Sackgasse dieser narrative Determinismus führt.[14] Ein Ideal ist nicht einfach durch ein anderes ersetzbar. Und der Dschihadismus ist eine religiöse Angelegenheit, kein Handelsobjekt.

Zu den medizinischen und psychosozialen Erklärungsansätzen und dem versuchten Gegenangriff durch das Narrativ gesellt sich nun noch eine religiöse (Nicht-)Deutung.

Das religiöse Ungesagte

Darüber, was »Umkehr«[15] eigentlich ist, das Phänomen der Umkehr zu einer Gottheit und zu der Gemeinschaft, die diese Gottheit zu ihrem Zentrum und dieses Zentrum zum Mittelpunkt der Welt macht, wird wenig nachgedacht.

In Großbritannien beschäftigt sich eine ausführliche Studie mit einem verwandten Thema, allerdings im Zusammenhang mit nationaler Verteidigung und Geheimdienst: die »Spiritualität« als integrales Phänomen der Führungsrolle.[16] Diese Studie kann es sich immerhin auf die Fahnen schreiben, auf etwas Evidentes hinzuweisen, nämlich dass die Kämpfer für das Kalifat, also die vielen tausend jungen Leute, die Europa verlassen und sich ins gelobte Land begeben haben, in der Literatur des Kalifats zu »Führern« geworden sind – oder in den Worten der Schlachtrede des Kalifen vom Mai 2015: Sie zeigen allen anderen den Weg der Hidschra und der Buße.

Einem laizistischen Staat und einer dem Christentum entfremdeten Nation muss diese religiöse Realität absurd vorkommen; also behilft man sich, indem man den öffentlichen Diskurs manipuliert.

Ein Erklärungsversuch hatte zum Ziel, der Religion ihren Einfluss abzusprechen. Der religiöse Hintergrund wird zwar zunächst anerkannt, aber nicht als Auslöser benannt. Diese Strategie hatte das kurzfristige Ziel, den muslimischen oder islamfreundlichen Teil der Bevölkerung zumindest zum Teil und für eine gewisse Zeit nicht zu stigmatisieren. Allerdings kam es zu einer Folgeerscheinung, die man hätte voraussehen können, nämlich dass dieser ins Abseits gedrängte, aus dem Spiel genommene und »unter Schutz« gestellte Teil der Bevölkerung in einer Abwehrreaktion entweder Scham oder Groll empfinden würde. Fruchtbarer Boden für das Kalifat.

Begleitend zu dieser Strategie hat sich ein einheitliches Vokabular etabliert, an dem sich niemand stieß und das niemanden verletzte, das vor allem von dem Neologismus »Islamophobie« geprägt ist – ein Begriff analog gebildet zu einer anderen, sozialen, Phobie, der »Homophobie«. Mit der Folge – und das ist der zweite Schritt der rhetorischen Manipulation –, dass jegliche Kritik am Islam als »Phobie« bezeichnet wird, wodurch man diese Kritik auf eine Art Geistesverwirrung oder mangelnde Anpassung an die herrschenden sozialen Normen reduziert; logischerweise deutet man damit an, jede Analyse des Islam, die sich nicht a priori auf die Akzeptanz seiner sozialen und politischen Neutralität gründet, sei ein Anzeichen für diese Phobie.

Islamophobie

141

3,

In einem dritten Schritt hat sich daraufhin ein einheitlicher Diskurs herausgebildet, der sich auf festgefügte, scheinbar vernünftige Begriffe stützte und »moderate Meinungen« wiedergab.

Statt den Terrorakt zu erklären, fasst man seine Begleiterscheinungen unter dem rhetorischen Gemeinplatz der Islamophobie[17] zusammen und fabriziert so eine Pseudoerklärung. Denn etwas mit seinen Auswirkungen zu erklären, liefert noch keine Erklärung für die Ursachen.

Was dabei vergessen und durch diverse Manöver kaschiert wird, ist die Tatsache, dass die Religion dadurch von jeglicher Verantwortung losgesprochen wird. Wenn es nicht ausschlaggebend ist, dass man Muslim ist, um einen Terrorakt zu begehen, inwiefern ist es dann ausschlaggebend, dass man Muslim ist, um einen solchen Akt nicht zu begehen? Diese Frage wird verdrängt.

Kurz gesagt, was entscheidet darüber, ob man Extremist, also »radikalisiert«, oder ob man »moderat« wird«?

Die Erklärung dafür findet sich an anderer Stelle.

Die terroristische Begründungskette

All diese Erklärungsansätze – durch Armut, Marginalisierung und Solidarität der Besitzlosen, durch ein bestimmtes Narrativ oder eine Loslösung vom Religiösen – halten den Tatsachen nicht stand. Plötzlich – oder endlich – entdeckt man, dass Dschihadisten nicht zwingend dumm, minderbegabt, marginalisiert, gescheitert und ausgegrenzt sind, sondern in nicht wenigen Fällen Diplome vorweisen können, Söhne aus gutem Hause oder folgsame und fleißige Mädchen sind, die ihre Entscheidung häufig wortgewandt auszudrücken und zu beschreiben in der Lage sind.[18] Wenn also einer von ihnen sagt, er habe einen Traum gehabt, der ihm den Weg zum Kalifat gewiesen habe, dann sollte man das nicht als Anzeichen für Geistesverwirrung oder soziales Elend betrachten, sondern sich lieber ein wenig mit arabischer Religionsphilosophie beschäftigen, um zu verstehen, inwiefern Träumen eine rationale Interpretation ist.[19]

Schon seit langem rekrutieren sich Terroristen aus einer gesellschaftlichen Schicht, die bereits der Nährboden einer Revolte war: die Mittelschicht, die gebildeten muslimischen oder nicht-muslimischen Kleinbürger, die imstande sind, die Revolte mit Argumenten zu unterfüttern.[20] Insofern trifft es »Konversion« mehr als »Radikalisierung«.

Denn genau durch diese Fähigkeit, die Revolte argumentativ zu verteidigen, wird Konversion möglich – argumentieren bedeutet, eine Kette von Begründungen zu bilden, eine rhetorische Kette, die entweder auf eine Logik der Substitutionen oder eine Logik der Äquivalenzen zurückzuführen ist.[21]

Will man also weg von Radikalisierung und Indoktrination, setzt man auf die substituierende Logik der Unterschiede. Diese Logik entspricht dem sozialen Dialog, bei dem man, zum Beispiel zur Lösung einer Krise, eine bestimmte Forderung gegen eine andere eintauscht. Auch der Umgang mit sozialen Forderungen beruht auf diesem Dialogmechanismus (daher der Begriff »Sozialdialog«): Man löst einzelne Forderungen voneinander, damit verschiedene Forderungen niemals zu einem großen Ganzen werden, das nicht mehr handhabbar ist. Dieser Mechanismus bedient sich der Substitution und der Alternative.

Dieses Schema soll auch bei der Deradikalisierung der Jugendlichen zum Einsatz kommen und bietet sogenannte Ersatzwerte: »Alternativen«, »soziale Aktionen« und »menschliche Techniken, die ganz einfach darin bestehen, dass wir miteinander reden«,[22] um einen Kurzschluss des Konglomerats aus Motiven herbeizuführen.[23] Aber diese Techniken werden wohl kaum Ergebnisse zeitigen.

Denn die Erklärung des Terrorismus (wie ein Soldat des Kalifats seine Entscheidung vor sich selbst rechtfertigt, wie ein junger Erwachsener über seine Konversion spricht) bedient sich einer logischen Äquivalenz: Dass man Dschihadist wird, ist

Dschihad als Entscheidung in eine Reihe von Ähnlichkeitsbeziehungen

nicht das Ergebnis einer Reihe von Unterschieden, die gegeneinander ausgetauscht werden können (ich mache dies und nicht das, ich studiere lieber, als Dschihadist zu werden etc.); die Entscheidung für den Dschihad ist vielmehr das Ergebnis einer Reihe von Ähnlichkeitsbeziehungen, die der Rekrut zwischen seiner Situation und vergleichbaren Situationen herstellt, er schafft also eine Kette von Äquivalenzen zwischen sich selbst und seinen realen oder erträumten Gefährten; das entspricht dem, was Sartre »Terror-Brüderlichkeit«[24] genannt hat.

Die Bildung dieser Äquivalenzkette lässt sich nicht verhindern, außer man will totale Zensur ausüben, sämtliche Kommunikation blockieren, eine geschlossene Gesellschaft errichten und alle jungen Gymnasiasten einsperren. Und diese Kette bildet sich genau in diesem Augenblick, mit vielen tausend Gliedern.

Auf diese beiden Logiken sollten wir unsere ganze Aufmerksamkeit richten. Eine Aufmerksamkeit, die jedoch an die soziale Rhetorik unserer eigenen Diskursgemeinschaft gebunden ist sowie an die Kontrollmechanismen, die dieser Gemeinschaft eine Struktur verleihen. Davon handelt das folgende Kapitel.

Sartre 'Terror-Brüderlichkeit

KAPITEL XI

WIE UNSER DISKURS
KONTROLLIERT WIRD

Der Terror des Kalifats ist in unser ausgewogenes Leben, in das normalerweise höchstens »humanitäre« Krisen und »Naturkatastrophen« (mit der Unterkategorie »Flugzeugabstürze«) Unruhe bringen, die wir aber in der Regel in den Griff bekommen, brutal hereingebrochen. Deshalb versucht man, die Angriffe des Kalifats auf Frankreich sozial zu bewältigen, und bedient sich dabei einer Technik, die bei anderen Krisen schon häufig zur Anwendung gekommen ist: Trauermarsch, Blumen und Spendensammlungen zur Linderung der Not. Die Brutalität soll hinter der sozialen Rhetorik des Krisenmanagements verschwinden.

Der Dschihadismus des Kalifats dringt jedoch unwiderruflich in unsere »Diskursgemeinschaft« ein – Diskurs verstanden als verallgemeinerte Kommunikation mit rhetorischen Markern, also Wörtern, Sätzen, Codes, Bildern, die wir teilen und mit deren Hilfe wir uns gegenseitig erkennen.

Menschliche Gemeinschaften werden zu Diskursgemeinschaften durch gesprochene Sprache und geschriebene Texte, durch Bilder, die sie sich von sich selbst und von anderen machen, und durch die Auswirkungen in Form von Wahrheit und Macht, die diese Bilder wiederum zeitigen. Eine Diskursgemeinschaft ist wie ein Film, sie umgibt uns mit einer Bildspur und einer Tonspur, die gemeinsam unsere soziale Wahrnehmung ergeben, zu der zwangsläufig auch der Terrorismus gehört.

Die Fabrik des Realen: Töne und Bilder

Rufen wir uns als Erstes in Erinnerung, dass diese erschreckenden Bilder nicht neu sind. Das Grauen, das unsere Diskursgemeinschaft (nicht) kennt, begann vor über zehn Jahren und
eben nicht erst mit der Hinrichtung des Journalisten James
Foley, dessen Tötung im August 2014 in westlichen Zeitungen
gemeldet wurde.[1]

Das Grauen begann im November 2004 mit der ersten im
Internet gezeigten Enthauptung; es handelte sich um eine
Vergeltungsmaßnahme der Organisation Bin Ladens wegen der
»teuflischen Behandlung der Gefangenen in Abu Ghraib«, also
dem Militärgefängnis, in dem die Amerikaner nach dem Sturz
Saddam Husseins im Dezember 2003 irakische Gefangene
misshandelten, indem sie sie in ihrer Männlichkeit demütigten.

Dieser Mann, dessen Enthauptung die erste war, die im
Internet gezeigt wurde, hieß Nick Berg und war Amerikaner.
Er hielt sich im Irak auf, weil ihm das als Informatiker und
Kommunikationstechnologen als eine hervorragende Möglichkeit erschien, um Karriere zu machen; es war »seine Chance«,
wie man jetzt den jungen Arbeitslosen immer sagt, *a land of
opportunity*, wie es in den USA heißt. Er ahnte in keiner Weise,
dass ausgerechnet er dieser Kommunikationstechnologie zum
Opfer fallen und der erste in einer Reihe von Verbrechen werden sollte: Ganz richtig bezeichneten die Medien seine Enthauptung als »erste gewalttätige Antwort auf in Abu Ghraib
begangene Misshandlungen« und als »erste öffentliche Hinrichtung mit Hilfe neuer Kommunikationsmittel«, nämlich des
Internets.[2]

Das ist der Beweis für die Atrophie des kommunikativen
Gedächtnisses: Die amerikanischen Medien bezeichneten die
Hinrichtung James Foleys im August 2014 als »unheilvolle Ent-
wicklung« und vergaßen dabei völlig, dass sie exakt das Gleiche
bereits zehn Jahre zuvor gesagt hatten.

Zehn Jahre sollten vergehen, bis das Thema der Enthauptungen in unserer Diskursgemeinschaft (nicht) aufkam, zehn Jahre, in denen hingegen Themen wie die Misshandlungen in Guantanamo und folterähnliche Verhörtechniken immer mehr miteinander verschmolzen.

Unsere Diskursgemeinschaft sperrt sich gegen die Erkenntnis, dass Enthauptungen gerichtlich angeordnete Schlachtungen sind. »Gerichtlich« wird hier mit Absicht gebraucht, denn die Henker, also die Milizionäre des Kalifats, vollziehen sie als gesetzmäßige Handlungen und präsentieren sie unserer Diskursgemeinschaft auch als solche. Von nun an können wir den Ausbruch der Gewalt nicht mehr leugnen, selbst wenn wir von diesen Tötungen nur fragmentarische und entschärfte Bilder zu sehen bekommen.

Auf der Tonspur erschallte auch 2004 bereits der Ruf *Allahu akbar*, aber in einer übersteigerten Kakophonie. Seitdem ist er fester Bestandteil in dem Drehbuch, das den Exekutionen zugrunde liegt. 2004 hinterließ die Tonspur noch den Eindruck eines spontan vor Ort aufgezeichneten, teilweise verzerrten Originaltons, 2014 klingt die Tonspur nach Postproduktion. In derselben Zeit entwickelte sich das Bild von den verwackelten (wie von einer Handkamera gefilmten) Aufnahmen der ersten Internet-Exekution zu der sorgfältigen Montage, wie sie in aktuellen Exekutionen zu sehen ist. Es hat sich offensichtlich einiges getan.

Und tatsächlich: Eine dschihadistische Diskursgemeinschaft wurde hergestellt.

Im Netz wird also seit zehn Jahren geköpft oder geschlachtet. Aber wem wird hier die Kehle durchgeschnitten oder, genauer gesagt, welche Tötungen sind der breiteren Öffentlichkeit bekannt?

Denn geköpft werden nicht nur Opfer, die ausgewählt wurden, um die Menschen im Westen zu schockieren, sondern ebenso Opfer, die in Syrien, im Irak, in Kurdistan zur falschen

Zeit am falschen Ort waren und die man beschuldigt, Kollaborateure, Homosexuelle, Ehebrecher, Zigarettenverkäufer zu sein, kurz, lauter Menschen, jung und alt, die dort leben, wo das Kalifat regiert.[3] Und das alles wird gefilmt mit Handykameras, es sind »lebensechte« Zusammenschnitte. Zu sehen ist ein kniender kleiner Junge, der mit der Peitsche gezüchtigt wird, weil er, mehr aus Angst als aus böser Absicht, gelogen hat; ein Mann, dem man Drogenmissbrauch vorwirft, wird ausgepeitscht und setzt seinen Weg fort. Bis zum Durchschneiden der Kehle verfügt die Scharia über eine ganze Palette von Strafen. Darüber spricht im Westen kaum jemand, geschweige denn dass man Bilder zeigt. Diese alltägliche Grausamkeit, mitten in einem Souk oder einer Fußgängerstraße, vor den Augen junger Männer auf Mopeds und Frauen mit Einkaufstaschen, interessiert uns nicht.

Diese Morde (oder gesetzmäßigen Strafen) sind nicht Teil unserer Diskursgemeinschaft. Und noch weniger tauchen in unserer Diskursgemeinschaft Ausschreitungen oder Vergeltungsmaßnahmen anderer Gruppen auf, begangen durch sogenannte moderate Milizen, die mit Unterstützung westlicher Staaten vor Ort operieren. Unsere Vorstellung von Brutalität ist eine Einbahnstraße.

Deshalb können Diskursgemeinschaften so gut die Augen davor verschließen oder sagen: »Das ist falsch.« 2004 geriet das Video von Nick Berg in den Verdacht, ein *fake* zu sein, und im Internet ist diese Diskussion auch noch nicht beendet. Bestehen bleibt einzig die Tatsache, dass Nick Berg enthauptet wurde. Die Debatte über die *fakes* bekommt durch plötzlich auftauchende »Bekenntnisse« von Dschihadisten regelmäßig neue Nahrung, Bekenntnisse angeblicher Aussteiger, die dem Kalifat entkommen sind. In einem dieser Bekenntnisse erklärt ein »ehemaliger Kämpfer des Kalifats«, warum die Opfer so ruhig bleiben: Nach den vielen Scheinexekutionen wüssten sie nicht, was mit ihnen geschehen wird.[4] Das ist möglich. Möglich ist aber auch, dass sie mutig sind, nur ist davon seltsamerweise nie die Rede. Sogar das wird ihnen abgesprochen. Das technische Bekenntnis eines *fake*-Abtrünnigen ist der Gipfel des *fake*. Aber es ist tröstlich für unsere Diskursgemeinschaft.

Die Tatsache, dass es so lange dauerte, bis wir uns der innovativen Realität des Terrorismus bewusst wurden, bis wir sie »realisierten«, wirft genauso wie die immer wiederkehrenden Debatten über *gefakete* Enthauptungen ein Schlaglicht darauf, wie eine Diskursgemeinschaft funktioniert: sie verleugnet, was nicht zu ihrer Sphäre gehört, und stellt sich ihre Realität in einem eigenen Film zusammen, mit Bild und Ton.

Kurzzeitgedächtnis, Verleugnung, Realitätsverweigerung – das sind die Ergebnisse dreier Kontrollsysteme, die im Verborgenen jeder Diskursgemeinschaft Struktur geben.

Die Diskurskontrollen

Eine Diskursgemeinschaft funktioniert dank dreier Kontrollsysteme: Spiel mit dem Verbotenen; Zuschreibung von Wahnsinn; Wahrheitspolizei.[5] Diese drei Systeme steuern die öffentliche Debatte über den Dschihadismus.

Spiel der Medien mit dem Verbotenen

Die westliche Zivilisation – um bei ihr zu bleiben, weil sie direkt in der Schusslinie des Terrorismus steht – preist das Recht auf das Wort, das Recht auf das Streitgespräch, das Recht auf freie Meinungsäußerung. Seit der griechischen Antike senkt der Westen seine Wurzeln in diese Kultur des sprachlichen Austauschs im Hinblick auf gemeinsames Handeln, eine Kultur der rhetorischen Transaktion. Selbst das frühe Christentum musste sich an die »heidnische« Redekunst anpassen, bevor es daraus schöpfen konnte.[6]

149

Und dennoch wurde vor Kurzem ein ganzes Gesetzes-
werk ausgearbeitet, das in eine bestimmte Richtung wirken
und führen soll, das Forderungen diskutieren und formulieren
soll, mit der Maßgabe, natürlich und zwingend zu erscheinen.
Es geht in die Richtung, alles, was an Argumenten unerträglich
erscheint, abzublocken – dazu gehören beispielsweise die
Gesetze gegen den historischen Revisionismus und gegen
rassistische oder sexistische Beleidigungen –, auch wenn die
Auswirkung dieser Gesetze unterschiedlich groß ist, je nachdem ob das Recht betroffen ist (ein Genozid) oder eine soziale
Wahrnehmung (die Spielarten des Hinnehmbaren auf einem
amerikanischen Campus). Das Gesetzessystem kann offen angegriffen (USA) oder verspottet werden (Frankreich); es kann
aber auch so weit verinnerlicht sein, dass ein Mantel des
Schweigens verhindert, Verbrechen anzuzeigen (sexuelle Skla-
verei im Immigranten-Milieu in Großbritannien). So oder so,
es existiert.

Kurz gesagt, es tut beides, es befreit und es schränkt ein. Das
Verbot gilt für alle, ob man sich nun auf der Seite derer befindet,
die wissentlich gegen das Verbot verstoßen, oder auf der Seite
derer, die die Anwendung des Verbots fordern. Das Verbot
schafft eine Verbindung zwischen denen, die die Zensur und
das Verbot ausüben (die westlichen Medien), und denen, die
wissen, dass zensiert werden wird (die dschihadistischen Medien). Und diese Verbindung durch Verbot übt Kontrolle über
die Diskursgemeinschaft aus.

Die Videos der Schlachtungen sind ein gutes Beispiel dafür:
Wenn ein solches Video öffentlich gezeigt wird, selbst wenn es
zensiert ist, ist dies ein Spiel mit dem Verbotenen. Die Medien
spielen mit dem Verbotenen, sie zeigen eine öffentliche Tötung
und damit ein aktuelles Tabu: Durch die Bildbearbeitung üben
sie Selbstzensur und begeben sich so in ein perverses Spiel mit
dem Verbot: zeigen, nicht zeigen, ein bisschen zeigen, nicht
mehr zeigen, anhalten *in extremis*, Wiederholung. Um nicht zu

»schockieren«, zeigt man alles bis auf den entscheidenden Moment, der das ganze Ereignis erst rechtfertigt.

Dieses Spiel führt dazu, dass eine echte Diskussion verhindert wird: Die rhetorische Transaktion findet nicht statt. Die Manipulation brutaler und gewalttätiger Bilder durch die Medien ist das Äquivalent zu den Gesetzen, die verbieten, den von den Deutschen begangenen Völkermord zu hinterfragen. Also Kontrolle.

Der Terrorist, Figur des Wahnsinns

Um sich zu versichern, dass man die Ereignisse, »die Welt«, die Wirklichkeit im Griff hat, muss also jede Diskursgemeinschaft Grenzen ziehen, festlegen, wo ihr Bereich endet und der Wahnsinn, wie man so schön sagt, beginnt. Die öffentliche Debatte springt also beständig zwischen diesen beiden Polen hin und her: Man behauptet, ein Argument sei lächerlich, während ein anderes als seriös bewertet wird. Das sind rhetorische Banalitäten, die aber durch ein Kontrollsystem untermauert werden, das dem Normalen und dem Wahnsinn seinen jeweiligen Ort zuweist.

Früher steckte man Verrückte in Irrenhäuser. Mit Mauern und Zwangsjacken zeigte man klar, wo der Wahnsinn hingehörte. Wie behandelte man damals die Verrückten? Indem man sie wegsperrte, ihnen Elektroschocks versetzte oder sie auslachte. Der Verrückte war lächerlich. Das Kind mit Down-Syndrom war lächerlich. Gegen 1920 nahm man eine Frau, die Anwältin war, nicht ernst.[7] Ein gebildeter Afrikaner war lächerlich. Sie alle wurden als Varianten des Unvernünftigen wahrgenommen, als unangebrachte Verletzung der geltenden Norm.

Heutzutage ist die Grenze zwischen dem Bereich des Normalen und dem des Abweichenden fließend, was zum Teil daran liegt, dass die Nosologie und die praktische Medizin kommerzialisiert worden sind: Depressive zum Beispiel gelten nicht mehr als potentielle Verrückte, die man in ein Sanatorium stecken muss, sondern als Kunden für pharmazeutische Produkte.[8]

Zumindest war das so, bis der Dschihadismus des Kalifats auf die Bühne trat.

Die propagandistischen, erschreckenden Inszenierungen des Kalifats führten plötzlich erneut zu einer klaren Unterscheidung zwischen dem, was normal, und dem, was krankhaft ist: Das Kalifat hat es möglich gemacht, auf der mentalen und physischen Karte unserer Vorstellung von der Welt eine Zone des Wahnsinns einzuzeichnen.

Ziehen wir eine Landkarte zu Rate: Das Territorium des Wahnsinns liegt bei Mossul.[9] Für unsere Diskursgemeinschaft ist also der Terrorist die neue Verkörperung des Wahnsinns. Und das Kalifat die neue Zone der Verrückten.

Demnach gibt es eine Zone der Wahrheit, der Vernunft, der offenen Debatte, in der von Individuum zu Individuum verhandelt wird, eine Zone, in der wir zugestehen, dass sprechen dürfen auch bedeutet, dass man debattieren darf und kann; und dann gibt es das Land des Kalifats, in der Form eines sich immer weiter ausdehnenden Flecks auf der Landkarte. Das ist die Zone, wo Irre verrücktspielen und die man »abriegeln« oder chemisch behandeln müsste, wenn man die Möglichkeit dazu hätte. Auf die eloquente Predigt des Kalifen, mit der das Kalifat gegründet wurde, und zwar in der Nachfolge Mohammeds, wie er nach dem Koran vollkommen zu Recht glauben und auch vertreten kann, reagierte man mit einem Heiterkeitsausbruch, so als hätte man es mit einem Irren zu tun. Und das ist auch der Tenor der Kommentare in zahllosen Internetforen.

Diese Reaktion ist nicht neu: Zu Beginn des 8. Jahrhunderts weigerte sich der Heilige Johannes von Damaskus, Nachkömmling einer Familie hoher Staatsbeamter, die in Diensten der mohammedanischen Besatzer standen, zu konvertieren, als Kalif

152

Omar II. Strafmaßnahmen gegen die Christen des Orients ergriff. Er schrieb daraufhin das erste christliche Buch über den Koran und den Islam.[10] Darin findet sich folgender Satz, der den zukünftigen Spott bereits vorwegnimmt: »Der Koran ist ein Buch voller Absurditäten, über die man besser lachen sollte.« »Lächerlich, lachhaft, komisch« sind die wichtigsten Adjektive des Pamphlets. Wer jedoch die Proklamation des neuen Kalifen in voller Länge angeschaut, die Predigt ganz gehört und die Zuhörerschaft der Gläubigen beobachtet hat, kann nur zu einem einzigen Schluss kommen: Hier handelt es sich um eine sehr ernste Angelegenheit.

Jede Diskursgemeinschaft funktioniert dadurch, dass sie eine Trennlinie zwischen dem Normalen und dem Wahnsinn zieht, das heißt, sie muss denjenigen, der wie ein Verrückter spricht, auch als solchen bezeichnen, um sich von der Richtigkeit ihrer eigenen Worte zu überzeugen. Sie muss auf die zeigen, die »Unruhe stiften«. Sie sind diejenigen, vor denen man Angst hat, die man auslacht, die man als »labil« ausgrenzt. Man zieht eine Trennlinie. So will man den unter Kontrolle halten, der uns verwirrt – denn in Wirklichkeit sind wir es, die »verwirrt« sind: Die soziale Rhetorik unseres Vokabulars hat zur Folge, dass wir selbst Gefahr laufen, verrückt zu werden, wollten wir die Kontrolle lockern und mit dem Verrückten, in diesem Fall dem Kalifat, sprechen, eine Debatte beginnen, die sich über die Trennlinie zwischen dem Normalen und dem Pathologischen hinwegsetzte.

Das also passiert, wenn die öffentliche Debatte in festen Grenzen stattfindet, ein Ergebnis des zweiten Kontrollmechanismus.

So erklärt sich der dritte Kontrollmechanismus der öffentlichen Debatte: die große Rolle, die der journalistischen Praxis des »Kommentars« (die Tonspur) in der verfälschten Präsentation von Exekutionen oder Terrorangriffen zukommt. Die Medien kommentieren diese Bilder, um sie durch den Kommentar zu ersetzen; sie operieren wie eine Wahrheitspolizei.

Die Angewohnheit der Medien, die Äußerungen eines Politikers noch während er spricht zu kommentieren (seine Worte durch darübergelegte Worte zu ersetzen), ist als disziplinarische Maßnahme dieses Berufsstandes derart normal geworden, dass sie mit noch größerer Selbstverständlichkeit auf das essenzielle Tabu, auf das Menschenopfer, angewandt wird. Es kommt sogar vor, dass kommentiert wird, was der Geopferte sagt, als wären seine Worte nicht genug. Die Wahrheit des Kalifats ist unhörbar, denn ließe man sie für sich selbst sprechen, dann lockerte man die Kontrolle und machte insbesondere die These von der sozialen Phobie zunichte, dank derer sich eine Trennlinie zwischen Terroristen und gemäßigten »integrierten« Muslimen ziehen lässt.

Solange die Medien weiterhin einem Striptease gleich brutale Taten in Bild und Ton zeigen, solange sie unsere Lust am Verbotenen kitzeln, solange sie mit unserem Bedürfnis spielen, »diese durchgeknallten Dschihadisten« zu beschimpfen und Wahrheitspolizei zu spielen, solange werden die PR-Leute des Kalifats weiter filmen und Stoff für unsere kollektiven Phantasien liefern. Das Kalifat und seine PR-Leute haben sehr wohl begriffen, dass sie die Kontrollmaschinerie weiter füttern müssen, und genau das tun sie auch: damit wir es nicht bei den Bildern und Tönen belassen und die eigentliche Frage aus dem Auge verlieren, nämlich die nach dem Aufkommen eines »Volkes«, dem Volk des Kalifats, dessen Realität wir nicht anerkennen wollen.

KAPITEL XII

DAS DSCHIHADISTISCHE VOLK

Mit dem »hausgemachten« Terroristen (*homegrown*, wie es im angelsächsischen Sprachraum heißt) taucht ein Phänomen wieder auf, das durch die Rhetorik der normalen Politik verschleiert und in eine Verwaltungsnorm gefasst wurde: das Volk und sein Grundelement, das mit einem freien Willen begabte Individuum, das am Beginn eines Volkes steht. Individuum und Volk sind die beiden Pole des äußerst abstrakten Begriffs »Volkswille«[1].

Die westlichen Terroristen, die im Orient Milizionäre und in Frankreich oder Deutschland Partisanen des Kalifats sind, wären dann nicht bloß eine verrückte Form des Politischen, wie man uns weismachen will;[2] vielmehr sind sie eine Manifestation des Volks und ein Phänomen des Voluntarismus.

Der dschihadistische Voluntarismus

Der gesamte öffentliche Diskurs – so eine Bilanz der vorhergehenden Analysen – hat nur ein Ziel: die Frage nach dem »hausgemachten Dschihadisten« zu verschleiern. Ist der Terrorismus nicht im Grunde das Wiederauftauchen des politischen Individuums, das selbst entscheidet und zusammen mit anderen vom gleichen Schlag ein Volk bildet?

Ein Individuum, das etwas will und kann, das sich mit anderen zusammentut, die sich kraft ihres Willens und Handelns zu »Terroristen« entwickeln und gemeinsam, demselben politischen Credo gemäß, eine revolutionäre Avantgarde bilden: das Kalifat. In die Sprache des Leninismus übertragen kann das Kalifat als Avantgarde bezeichnet werden: In seinem Diskurs doktrinär, organisiert in Komitees, kampferprobt, bereit, den Terror zum Klassenfeind zu tragen, verbreitet es die Botschaft von der Weltrevolution. Dass diese Avantgarde muslimisch ist, ändert nichts an der Tatsache.

Aber diese Definition entspricht offensichtlich nicht der Definition der offiziellen Rhetorik der jeweiligen nationalen Medien und der planlosen politischen Verwalter.

Dem offizielle Diskurs zufolge sind die Terroristen von außen manipuliert worden und keine Manifestation des Volkes. Sie sind Agenten von etwas, das nicht »wir« ist. Sie sind aus dem »wir« ausgeschlossen: Sie sind aus dem Gleichgewicht geraten, indoktriniert, »radikalisiert«, neue Staatsbürger, denen man mit dem Verlust der Staatsbürgerschaft droht. Kurz gesagt, Menschen am Rande des »wir«, denen man jeglichen reflektierten freien Willen abspricht.

Diese offizielle Rhetorik verkennt die Realität. Sie weigert sich, den Terrorismus als eine Form des Politischen zu sehen, als ein Erscheinungsbild des Volkes, mit dem man nicht gerechnet hatte.

Diese Rhetorik der politischen Klasse und der medialen Vermittler gehört im Grunde zur Sprache des Managements, die das Volk als Humankapital betrachtet, dem man bestimmte Leistungsziele zuordnet. Diese Rhetorik ist manipulativ, um sich nicht der Realität stellen zu müssen, oder vielmehr, um die Realität in feste Abläufe zu pressen (Wahlen dienen als Barometer hinsichtlich der Leistung der Parteien). Die Management-Politik muss den Führungskräfte-Mythos der Normalpolitik fortschreiben: Es kann und darf weder ein politisches Individuum noch ein politisches Volk geben. Der Volkswille ist »allgemein«, er ist nicht-existent auf der Ebene des willensbegabten Individuums. So lautet die herrschende Meinung.

Immer wenn es allen Verwaltungsvorschriften zum Trotz zu einem derartigen Phänomen kommt, was deshalb Gewalt gebraucht, weil es verdrängt wurde, greift die Politik auf vier

Arten von Interventionen zurück, um des Problems Herr zu werden: Man behauptet, dass allein der Staat Gewalt gebrauchen darf, betont die Sicherheitsmaßnahmen, schwingt moralische Reden über Gut und Böse, normal und krankhaft und ergreift Präventionsmaßnahmen.

Aber nie kommt die eigentliche Frage auf den Tisch: Und wenn es nun das Volk ist und mit dem Volk das politische Individuum, Subjekt der Demokratie, die hier »nein« sagen?

Das ist es, was sich hinter diesem Bestreben, den Terrorismus als Ausnahmeerscheinung der normalen Politik zu behandeln, verbirgt: Diese Rhetorik negiert den Terrorismus als politische Form und somit als mächtige Erscheinungsform des Populismus.[3]

Was den dschihadistischen Populismus charakterisiert

Der Dschihadismus des Kalifats trägt alle Merkmale eines starken Populismus, der auch ein Motor von Revolutionen ist.

Die Behauptung vom wahren Volk

Erstens unterteilt der Dschihadismus die politische Gesellschaft gerade nicht in reich und arm, *have and have not,* politische und zivile Gesellschaft mit der ganzen Bandbreite möglicher Formulierungen von extrem rechts bis extrem links; er unterteilt sie vielmehr in Gläubige und Ungläubige, also diejenige, die in der Diesseitigkeit, und die anderen, die in einem transzendenten Glauben leben. Man wird einwenden, diese Unterscheidung sei nicht politisch, sondern theologisch.

In Frankreich zum Beispiel lautet die Antwort darauf: Die seit einem Jahrhundert geltende Trennung zwischen etablierten Religionen (allen voran der Katholizismus) und Staat spielte sich zwischen den Verfechtern eines immanenten Systems (die Republik) und denen, die ihren Alltag lieber unter dem Schutz der Transzendenz leben wollten, ab. Die Auseinandersetzungen zwischen Ordnungskräften und den ihrer Rechte beraubten Gläubigen waren oft gewalttätig und befanden sich zuweilen am Rande des Volksaufstandes; denn dort nahm ein »Volk« Gestalt an, ein durch ein unverständliches Gesetz, das einerseits den individuellen Willen des Glaubens verletzte und andererseits die Bildung eines solidarischen »wir« untergraben wollte, herausgefordertes Volk. Damals war der Populismus also auf der Seite der aufständischen Katholiken.

Seitdem haben wir das populistische Potential eines individuellen Voluntarismus und einer sozialen Bewegung, die sich beide auf eine religiöse Transzendenz beriefen, beseitigt. Aber wie jedes Potential blieb auch dieser Populismus potentiell vorhanden, das heißt jederzeit bereit, wieder zum Vorschein zu kommen.

Und er ist zum Vorschein gekommen: unter der Schirmherrschaft des islamischen Kalifats.

Die wortmächtigen Aufrufe zum Heiligen Krieg in den Publikationen des Kalifats richten sich an das Volk. Der Appell des Kalifats inszeniert eine radikale Trennung zwischen dem schlechten Teil des Volkes (Eliten, Reiche, Verräter, Anhänger des Alltagsmaterialismus) und dem guten Teil des Volkes, der Widerstand leistet, Entscheidungen trifft, engagiert ist. Dass dies ein religiöser Konflikt ist, ändert wenig am Populismus des Kalifats, nur dass unser politischer Diskurs, der grundsätzlich laizistisch ist, ohne daraus auch alle Konsequenzen zu ziehen, sich weigert, Religion als eine Form des Populismus anzuerkennen; unsere Denkgewohnheiten reservieren den Populismus instinktiv für eine Sache, die die Franzosen seit 1789 und dem revolutionären Ballhausschwur einhellig als »das Volk« bezeichnen.

Die deutsche Debatte über die Definition des »deutschen Volkes« (mit der Spannung zwischen »Leitkultur« und »einheimische Kultur«) unterscheidet sich davon prinzipiell nicht; denn für das Kalifat unterscheidet sich das »Volk Gottes« kulturell von jedem anderen Begriff des Volkes, sei er nun säkular, national, ideologisch oder identitär.[4]

Die Frage des atypischen Populismus des IS stellt sich in der jeweiligen Begrifflichkeit in jeder westlichen Gesellschaft. Abgesehen von diesem säkularen Volk gibt es aber noch ein anderes, das die Religionen »Volk Gottes« nennen. Zum Beweis dieses Zitat aus dem Magazin *Dâr al-Islâm*:

> Dieses verfluchte Machwerk namens *Charlie Hebdo* hat mehr als einmal über den Messias Jesus und seine Mutter Maria gespottet; und was haben die Christen getan, die doch angeblich den Messias und seine Mutter so sehr lieben, dass sie sie genau so wie Allah verehren? Nichts! Die Juden beleidigen sie im Talmud auf schlimmste Weise. Wie können es die Christen in Frankreich und anderen Ländern hinnehmen, dass sie von dieser Schlangenbrut regiert werden? Wir appellieren an die Christen, die Judenherrschaft nicht mehr hinzunehmen und die einzige Religion, die das Heilige verteidigt, zu akzeptieren, die Religion aller Propheten, die einzige Religion der Wahrheit: den Islam.[5]

Deutlicher kann man nicht zum Ausdruck bringen, dass es zwei Völker gibt. Das eine Volk nimmt hin, wenn es verhöhnt und von einflussreichen Machthabern manipuliert wird. Das andere steht für seine Überzeugung von der Basis aus ein und weist den Weg des Aufstandes. Der Populismus benennt die Spaltung zwischen wahrem und falschem Volk, er zeigt mit dem Finger auf sie, macht sie deutlich sichtbar. Es ist eine Strategie, der sich auch populistische Bewegungen in Südamerika bedienen.

Man sieht noch eine weitere rhetorische Form des Populismus am Werk, das beliebte Thema des Verrats durch die Eliten:

> Wir beenden dieses Vorwort zur zweiten Ausgabe von *Dâr al-Islâm* mit dem Hinweis, dass dieses Magazin sich weder an Forscher richtet noch an ungläubige Journalisten oder Pseudo-Muslime, die den Islamischen Staat studieren wollen und die uns sowieso auf jede Weise angreifen werden, selbst wenn unsere Rechtschreibung und Syntax perfekt wären. Wir richten uns auch nicht an jene Pseudo-Anhänger des Dschihad, die glauben, sie täten etwas für ihre Religion, wenn sie sich ganze Nächte in den sozialen Netzwerken herumtreiben. *Dâr al-Islâm* ist nur ein Werkzeug, das zur Hidschra und zum Dschihad aufrufen möchte, und ein bescheidener Beitrag französischsprachiger Brüder, die im Kalifat leben und sehen, wie dieser Staat um sie herum auf dem Blut ihrer Brüder errichtet wird.[6]

Identische Formulierungen finden sich auch bei anderen populistischen Bewegungen, zum Beispiel in Südamerika: Anprangerung von Machenschaften der Eliten gegen die verratene Unschuld der kleinen Leute, die perverse Macht der Presse gegen den gesunden Menschenverstand des Volkes, die falschen Verbündeten mit der Sache des Volkes gegen ihre wahren Verteidiger. Der junge Australier Jihadi Jake, der sich im Februar 2015 während der Kämpfe in Ramadi (Irak) »nach dem Martyrium strebend« freiwillig für ein Selbstmordattentat gemeldet hatte, erklärte, er wolle lieber sterben, als inmitten »der Verwesung und Korruption der australischen Gesellschaft« zu leben; das ist ein typisch populistisches Argument:

Dann verstand ich, wie Demokratie funktioniert: Pflanze die Idee der Freiheit in die Köpfe der Menschen und überzeuge sie, dass sie freie Menschen sind … Rücke Promis und eine Scheinrealität ins Rampenlicht, um die Leute davon abzulenken, was in der Welt wirklich los ist. Daher die weitverbreitete politische Unwissenheit der Menschen im Westen.[7]

Treffender kann man es nicht sagen. Das Kalifat stellt sich dezidiert auf die Seite des Volkes; in seinen Schriften verwirft es die in der hohen arabisch-muslimischen Philosophie gebräuchliche Unterscheidung zwischen der Überredung für das Volk und der Überredung für eine in die Mysterien der Interpretativen Analyse eingeweihte Elite. Das Kalifat verwirft jeglichen Elitismus, der in dieser gegen das Volk gerichteten Typologie von Averroës verankert ist:

Die Naturanlagen der Menschen in Hinsicht auf die Zustimmung [sind] von verschiedener Güte. Unter ihnen gibt es solche, die aufgrund des Beweises zustimmen, und unter ihnen gibt es solche, die aufgrund dialektischer Reden zustimmen, […] und es gibt solche, die aufgrund rhetorischer Reden zustimmen.[8]

Das Kalifat weist die Vorstellung zurück, dass sich menschliche Naturen hinsichtlich ihrer Fähigkeit, mit Argumenten überredet zu werden, unterscheiden. Es nivelliert die Unterschiede, um zu betonen, dass es keine Hierarchie hinsichtlich der Zustimmung zum göttlichen Gesetz gibt – das erklärt auch, warum in den Zeitschriften und Videos des Kalifats Analysen, Befragungen, Biographisches, Notizen, Koranzitate und Zitate von Philosophen und Religionsgelehrten geschickt gemischt werden. Das Volk Gottes besteht aus Gleichen. Ein populistisches Argument.

Das dritte Charakteristikum des Populismus ist, den anderen zu benennen: Er ist der Feind. Man braucht einen erklärten und bei seinem Namen genannten Feind: In Südamerika sind es »die Reichen«, anderswo »die Intellektuellen« (ein bevorzugtes Ziel des Peronismus oder Maoismus) oder »die Profiteure« (Leninismus). Das ist es, was das Zitat in *Dâr al-Islâm* vom 2. Januar 2015[9] mit dem Angriff auf die »Juden« meint. Skandalös? Tatsächlich gehört diese letzte Bezeichnung in Frankreich traditionell zu der politischen Sprache des Populismus; zur Zeit wird sie lediglich – durch Androhungen von Strafe – unterdrückt bzw. verdrängt. Dabei hat sie sowohl bei den Linken als auch bei den Rechten oft dazu gedient, das »wahre französische Volk« vom zugewanderten manipulativen Rest zu unterscheiden. Es handelt sich hierbei also um einen potentiell wirksamen rhetorischen Code, vor allem in Frankreich; und die Propagandisten des Kalifats nutzen diese Spaltung geschickt aus.

Daher auch die Argumentation: Wer an der Unterwerfung des wahren Volkes mitwirkt, wird bloßgestellt, demaskiert, zerstört. »Hofgelehrte« nennt die Literatur des Kalifats gewöhnlich jene muslimischen Intellektuellen, die gemütlich unter lauter Ungläubigen leben und ihren westlichen Herren dienen. Eine Karikatur? Der Populismus muss den Gegner überzeichnen, damit seine wesentlichen Züge deutlich hervortreten.

Wer den Feind auf diese Art benennt, verschärft Gegensätze und betont die Spaltung – mit dem Ziel der Polarisierung.

Dabiq, das englische Gegenstück zu *Dâr al-Islâm*, gebraucht bemerkenswerterweise nicht das Argument der antijüdischen Spaltung, sondern ein anderes, das wiederum in England eine empfindliche Saite berührt: die militärische und finanzielle Unterordnung des Vereinigten Königreichs unter seinen amerikanischen »Herrn«. Zur Untermauerung dieses Arguments wird ein subtiler Vergleich mit dem unterworfenen Japan gezogen.[10]

Der Zugriff ist weniger brutal, aber auch hier ist das Bemühen erkennbar, den Feind, der das »Volk« missbraucht, zu benennen.

Das Ziel dabei ist, das Individuum vor eine Wahl zu stellen: entweder – oder.

Die Ausgegrenzten befreien

Das vierte Element populistischer Rhetorik ist Ausgrenzung. Der Populismus geht davon aus, dass die Forderungen, die das »Volk« jenen, die als »schlecht« angeprangert werden, stellt, Ergebnis und Zeichen von Ausgrenzung sind. Die »Ausgegrenzten« stellen Forderungen aus ihrer Position der Ausgrenzung heraus. Dieses Motiv findet sich in sämtlichen terroristischen Bekennerschreiben. In den Botschaften der Terroristen ergibt sich daraus regelmäßig noch ein weiteres Thema: Das Gefühl der Machtlosigkeit angesichts der Macht der »Schweine«, also ein Gefühl besonders krasser Ungerechtigkeit.

Von den Terrorabwehrdiensten und in den Medien wird dieses Argument der Ausgrenzung jedoch rhetorisch verdreht: Man erklärt, soziale Ausgrenzung sei einer der Gründe für den Übergang zum Terrorismus. Weiter oben haben wir gesehen, dass die Tatsachen dieser Behauptung in den meisten Fällen nicht standhalten. Gebraucht man aber dieses Argument, macht man sich nicht klar, dass der Terrorismus tatsächlich einen emphatischen Anspruch auf Ausgrenzung einfordert: Die neuen »Verdammten dieser Erde« erheben die Häupter, sie behaupten, eine verdorbene, korrumpierte Welt habe sie ausgeschlossen, und deshalb sei es an der Zeit, dass sich die Ausgegrenzten zu einer furchteinflößenden Macht zusammenschlössen.

Wenn man unreflektiert von »Ausgrenzung« spricht, attestiert man dem Terrorismus also genau das, was er von uns hören will.

Konversion und Dschihad sind ein Appell an die Ausgegrenzten, und zwar nicht im sozioökonomischen Verständnis von sozialer Ausgrenzung, sondern im mystischen Sinn einer Rückkehr zu den wahren Werten, einer Wiederherstellung, einer Versammlung des »Volkes Gottes«. Und im Sinn dessen, was um 1930 bei der extremen jakobinischen Rechten »eine Methode der öffentlichen Wohlfahrt«[11] genannt wurde.

Spontanes Volk

Ein traditionelles Merkmal des Populismus ist, dass das »Volk« sich spontan erhebt. Natürlich gibt es Vermittlungsinstanzen, aber ohne eine spontane Reaktion von unten, von der Straße, kann eine populistische Aktion keine Dynamik entfalten.

Der Populismus stützt sich auf eine Gruppe, die erst im Entstehen begriffen ist, und er handelt spontan. Die Theorie des Populismus behauptet sogar, »das Volk« nehme erst in dieser doppelten Bindung seine wahre Gestalt an. Das gilt auch für den Terrorismus: Er ist das Ideal eines absoluten, aber noch in Bildung begriffenen Volkes, und er operiert von einer individuellen Basis aus. Man kann also spontan Dschihadist werden, von sich ausgehend bewegt man sich hin zu einer größeren Gemeinschaft.

Natürlich übernimmt das Kalifat erst nachträglich die Verantwortung für ein Attentat; dadurch kann es seine »Macht als *modus operandi* projizieren«[12]: Bei einer populistischen Aktion benötigt die Basis keine besonderen Anweisungen »von oben«, um zu handeln. Übernimmt das Kalifat also die Verantwortung für ein freiwillig verübtes Attentat, so muss dies nicht sofort, direkt oder ausdrücklich geschehen, wie es unserem Verständnis von Justiz entsprechen würde. Beim Attentat auf die Gasfabrik im Departement Isère (Frankreich) im Juni 2015 musste man erst das Erscheinen des *Dabiq* abwarten, in dem das Kalifat den Angriff in der »Kreuzritterstadt« als »Verteidigung des Kalifats« auf die Titelseite setzte, ausgerechnet am 14. Juli, dem französischen Nationalfeiertag. Andererseits kursierte bereits seit dem 7. Juli ein türkisches Video des *Islam Devleti* (Islamischer Staat) im Internet, das einen französischsprachigen Milizionär und Szenen einer Explosion in einer Fabrik zeigte. Ein weiterer Umstand, den weder die Medien noch wie es scheint die Staatsanwaltschaft aufgegriffen haben, ist, dass das Ziel des Anschlags, das Unternehmen Air Products, 25 Prozent der Anteile der saudi-arabischen Firma AHG hält, Hauptlieferant der gesamten zivilen und militärischen Industrie Saudi-Arabiens, also eines erklärten Feindes des Kalifats.[13]

Revolutionärer Populismus besteht in einer Dialektik zwischen dem freiwilligen Individuum und der sich bildenden sozialen Bewegung. Anders gesagt wäre es sinnvoll, auf den Dschihadismus die Analysen der sogenannten »neuen sozialen Gruppen« anzuwenden. Ähnlich wie diese operiert der Dschihadismus entgegen dem Mainstream.

Dass dieses »Volk« religiösen Normen unterliegt, ändert nichts an dem Prozess. Darüber sollten wir uns schleunigst klar werden, denn was sich hier abzeichnet, ist eine populistische Wiederverzauberung der Welt. Viele spontane Handlungen und Aktionen einer bestimmten Gruppe bewirken, dass sich das kollektive Bewusstsein peu à peu in Bewegung setzt. Und je mehr diese Bewegung Raum greift, desto mehr wird sie zur konstitutiven Logik des »wahren guten Volkes«. Mit seinem brutalen Auftauchen gibt sich dieses »Volk« eine unwiderstehliche politische Form, eine Form, die sich gegenüber denen, die zum Feind bestimmt wurden, in radikaler Feindschaft äußert.[14]

KAPITEL XIII
RADIKALE FEINDSCHAFT

Der politische Philosoph Carl Schmitt schreibt am Ende seiner Anfang der sechziger Jahre geschriebenen *Theorie des Partisanen* diese hellsichtigen Worte:

> Wer wird es verhindern, dass […] unerwartet neue Arten der Feindschaft entstehen, deren Vollzug unerwartete Erscheinungsformen eines neuen Partisanentums hervorruft?[1]

Und zum Abschluss seines Werks, das während des Algerienkriegs entstand, forderte er die Intellektuellen auf, über dieses Thema nachzudenken:

> Der Theoretiker kann nicht mehr tun, als die Begriffe wahren und die Dinge beim Namen nennen. Die Theorie des Partisanen mündet in den Begriff des Politischen ein, in die Frage nach dem wirklichen Feind und einem neuen Nomos der Erde.

Der *Nomos* ist das Territorium, in dem eine politische Entität verwurzelt ist, die mehreres zugleich ist: konkret durch ihr alltägliches Handeln, abstrakt, weil sie Gesetze verinnerlicht, mental durch ihren Erinnerungsschatz und emotional, weil sie bestimmten Werten anhängt – es überrascht uns, dass es ein solches Terrain gibt, deshalb fehlen uns zu seiner Benennung die Worte. Die Tatsache, dass wir uns schwer damit tun, dem Kalifat einen Namen zu geben, und die Verweigerungsstrategien, deren Ineffizienz und Naivität wir im Lauf der vorhergehenden Kapitel gesehen haben, zeugen davon.

Die Partisanenguerilla

Das Kalifat zwingt uns, Schmitts Vorahnung zu erwägen und die Herausforderung anzunehmen: Wir sollten das Kalifat als eine neue Form des Politischen betrachten.

Eine neue Feindschaft macht uns Angst, und das gilt zuallererst für die Sprache unserer Diskursgemeinschaft. Wir müssen uns von der Sensationsrhetorik der Medien und der Berufspolitiker lösen und das Phänomen »Kalifat« mit den richtigen Worten benennen: »Soldaten« und »Partisanen« für seine Akteure sowie »Krieg« und »Guerilla« für seine Aktionen.

Die politische Klasse und ihre medialen Vermittler schrecken davor zurück, die Bezeichnung Feindschaft zu gebrauchen: Was daran liegt, dass in unseren Gesellschaften ein fester gesetzlicher Rahmen für Gewalt existiert (jeder Form von Gewalt entspricht eine Straftat oder ein Verbrechen) und diese auf eine erklärende Rhetorik reduziert wird (soziologisch, psychologisch usw.); damit soll die Gewalt in die vorherrschende Ideologie gezwängt werden, die bestimmte Gruppen von Menschen als Objekte des Managements betrachtet (Prävention und Wiedereingliederung).

Kommt es aber zu echter Gewalt mit allem, was auf der Tonspur und Bildspur dazugehört, also Opferpriestern und Opfern, Aufrufen und feierlichen Ansprachen, Horror und seltsamem Heroismus, Idealen und Prestige, dann geraten die Bezeichnungen durcheinander: Uns fehlen die Worte, um diese Gewalt richtig zu benennen, wir müssen auf ein entwertetes Vokabular zurückgreifen, um ihr, die uns wie eine Rückkehr zur »Barbarei«, zum Naturzustand der »Wilden« vor dem Gesellschaftsvertrag oder zu dunklen, sogenannten mittelalterlichen Verhaltensweisen erscheint, sprachlich Herr zu werden. Der öffentliche Diskurs verfällt auf die einfachste Lösung: Die neue, unnennbare Feindschaft des Dschihadismus und des Kalifats gehören weder in unsere Zeit noch in unseren Raum.

Genau hier ist diese Betrachtung über den subversiven Krieg hilfreich. Sie hilft etwas zu verstehen, was im Zusammenhang mit unserer Diskursgemeinschaft entscheidend ist: inwiefern die Dschihadisten des Kalifats die auf unserem Staatsgebiet, in unserer Zeit und unserem Raum operieren, eine neue Form der Nähe einführen, die Nähe des Partisanen.[2]

»Der feindliche Soldat in Uniform ist das eigentliche Schussziel des modernen Partisanen«[3]

Die Propaganda des Kalifats spricht eine deutliche Sprache: Es gilt alle uniformierten Repräsentanten des jeweiligen Staates, in dem der Dschihadist lebt, zu töten, während man darauf harrt, dass das Territorium wieder in Besitz genommen oder von der regulären Armee des Kalifats erobert wird. Für das Kalifat ist Frankreich von Feinden besetzt – von Ungläubigen und ihren Verbündeten und Dienern, den »moderaten Muslimen«. Gendarmerie, Polizei und auch die neuerdings eingesetzte Armee, sie alle sind Besatzungsmächte. Deshalb muss der Dschihadist sich dem Besatzer durch Guerillapraktiken entgegenstellen und Partisan werden. In Europa – London, Nizza, Paris – und anderswo gab es bereits viele Aktionen von Partisanen, einige sind gelungen, andere wurden verhindert.[4]

Die Propaganda des Kalifats stachelt nachgerade dazu an, alles als Waffe zu gebrauchen. Das heißt, dass der Partisan bis zum Angriff nicht einfach in der Anonymität der Menge verschwindet, sondern auch die Waffe als banalen Alltagsgegenstand verschwinden lässt: Messer, Axt, Beil.

Ein Partisan »verschmilzt mit dem Hintergrund« (eine Formulierung, die aus dem Partisanenkrieg stammt). Sich »jugendlich« anziehen oder sich auf einem Schiff unter die Flüchtlinge mischen ist wie sich zu verkleiden.[5] Der Tag wird kommen, an dem ein Partisan sich wie ein Student der *Sciences Po* in Paris oder der Humboldt-Universität in Berlin anzieht und einen Gendarmen in Saint-Germain-des-Prés oder einen Polizisten Unter den Linden ermordet. Man nennt solche Täter »Einsamer Wolf«, aber der Vergleich hinkt, wenn man bedenkt, dass ein Wolf immer im Rudel unterwegs ist.[6] Er mag zwar alleine angreifen. Aber das Rudel ist nie weit, tatsächlich vor Ort oder virtuell im Internet.[7] Wir bringen noch nicht einmal den Mut auf, zu unseren Metaphern zu stehen.

Es ist also ein Kampf zwischen irregulären und regulären Truppen, zwischen dem Soldaten ohne Uniform, der in der Stadtlandschaft untertaucht, und dem normalen Soldaten, der selbst zum Ziel wird – das beweisen die Angriffe gegen Militärangehörige in Frankreich, Großbritannien, Kanada und den USA.[8] Entscheidend daran ist: Jeder reguläre Soldat ist ein potentielles Ziel des Partisanen.

Seit die Front näher gerückt ist, verändert sich die Sprache der Feindschaft, die Front durchdringt auf vielfältige Weise unseren Nomos, um es mit Carl Schmitts Worten zu sagen: Einfach nur von »Angriff«, »Akt« und »Terrorist« zu sprechen genügt nicht; es muss »Angriff der politischen Guerilla« heißen.

»Der Partisan kämpft in einer politischen Front«

Der sogenannte Terrorakt eines Partisanen ist in Wahrheit ein politischer Akt, ein Akt, der den Partisanen in die Linie einer Partei stellt. Seiner Meinung nach ist es die Partei Gottes, die Partei des Kalifats. Insofern handelt es sich also nicht um kriminellen Terrorismus[9], sondern – zugespitzt formuliert – um einen politischen Krieg – einen Krieg, der es auf das Wesen des Politischen, wie wir es leben, abgesehen hat.

Mit früheren revolutionären Organisationen teilt das Kalifat die Gemeinsamkeit, dass es den Status einer kriegführenden

Macht für sich reklamiert und installiert; das ist eine absolute Forderung seiner Partisanen.

Ein regulärer Soldat, einer, der im Krieg kämpft, muss mit der Politik der Regierung, die ihm zu kämpfen befiehlt, weder einverstanden sein noch ihr ablehnend gegenüberstehen. Er erfüllt seine Pflicht oder bittet darum, sie erfüllen zu dürfen. Ob er sich außerhalb des Militärdienstes politisch engagiert, ist unwichtig: Loyalität und Neutralität sind die Regel,[10] ein regulärer Soldat schließt sich keiner politischen Richtung an.

Im Gegensatz dazu ist der dschihadistische Partisan integraler Bestandteil einer Mission, die über ihn hinausgeht und ihn zugleich auf eine höhere Ebene hebt. Er richtet sich nach der Politik. Egal wie viele medizinische, soziologische und psychologische Argumente man zur Erklärung ihrer »Radikalisierung« sucht, all diese Partisanen des Kalifats haben sich mit Leib und Seele diesem Ideal verschrieben, das sie zu jemand anderem macht und sie ihrer Meinung nach über sich selbst hinauswachsen lässt. Ihre Loyalität geht über Pflichterfüllung weit hinaus. Das Opfer ihres eigenen Lebens ist keine Option, sondern Gewissheit.

Eine solche rückhaltlose Hingabe an eine politische Richtung, die sich überdies mit populistischer Dynamik auf eine Transzendenz beruft, hat die Besonderheit, dass man sich ihr aus freien Stücken anschließen kann: Der junge Mensch, der beschließt, dem Dschihad zu folgen, bekehrt sich zu einer Doktrin. Die festesten Überzeugungen sind die, die man von sich aus erwirbt, und wie man weiter oben sehen konnte, sprechen die Biographien der Dschihadisten Bände.[11]

Der Wiederauferstehung des politischen Partisanen und mit ihm zusammen des politischen Krieges stehen wir geistig unbewaffnet gegenüber, und wir geben uns mit vagen Erklärungen zufrieden angesichts dessen, was im Inneren jenes religiösen Phänomens des hier als politische Tat auftretenden Glaubens schlummert: Das Heilige unterscheidet sich vom

Profanen nicht durch seine Größe, sondern durch sein Wesen. Der Partisan reiht sich in eine Reihe ein, die außerhalb des von uns Messbaren liegt.

»Beweglichkeit, Schnelligkeit, gesteigerte Mobilität, Technisierung«

Schmitt hatte Che Guevara und Fidel Castro im Sinn, aber die Formulierung passt auch hier. Abgesehen von den zahllosen Fortbewegungsmitteln, die den heutigen Partisanen zur Verfügung stehen, durch die extreme Motorisierung unseres Alltags und die Leichtigkeit, mit der man sich ein Fahrzeug beschaffen kann (Mieten, Leasen, Stehlen), das dichte legale und illegale Netz der Flug-, Eisenbahn- und Schiffsverbindungen nicht mitgezählt, findet die Technisierung natürlich vor allem im Internet und in der elektronischen Kommunikation statt – die virtuelle Mobilität hat die räumliche Mobilität eingeholt.[12] Mit rasender Geschwindigkeit. Wie wir gesehen haben, nutzen das Kalifat und vor ihm bereits al-Qaida das Internet geschickt. Spricht jemand gedankenlos von irgendeinem Terroristen als *lone wolf*, »einsamer Wolf«, so kann die Antwort darauf nur lauten: Natürlich, denn so ist er mobil, schnell und unaufspürbar – jedenfalls so lange, bis er in einem offenen Bereich des Internets eine ungeschickte Verbindung herstellt und ein Überwachungssignal Alarm auslöst.

Eine 2015 erschienene Anleitung für Dschihadisten lässt sich detailliert und deutlich über die »Guerilla«-Methoden aus, die »im Herzen Europas« anzuwenden sind: Ein paar naive Details, über die man sich im Internet geziert erheitert, entwerten den ernsten Inhalt des Buches nicht, etwa wenn es erklärt, wie man Bomben baut, überlebt, sich selbst verteidigt etc.[13]

Und wie frühere oder heutige Partisanen in Südostasien oder Südamerika, die sich wendig einen Weg durch das Netz des Dickichts, des Unterholzes, der Gräben bahnen, kann sich der Partisan des Kalifats im Netz verstecken, das ihm das Internet zur Verfügung stellt. Es hält alle Elemente bereit, die für sein Wirken nötig sind.[14]

Der Partisan befindet sich in einem subversiven Krieg, aber er ist schnell, geschmeidig und technisiert wie niemals zuvor unterwegs. Die Aktionen der Guerilla auf unserem Staatsgebiet vergrößern auf gefährliche Art den Einfluss der Kommandozentrale des Kalifats – deren Wirksamkeit mittlerweile erwiesen ist (ein weiteres Merkmal der Staatsbildung).[15]

»Der Partisan identifiziert sich mit der absoluten Aggressivität einer weltrevolutionären Ideologie«

Es gilt jedes Wort dieser Definition abzuwägen: absolute Aggressivität, weltrevolutionäre Ideologie.

Politische Klasse und Medien wollen jedoch lieber vergessen, dass die aggressive Haltung des Kalifats eine Reaktion auf eine andere Aggression ist. Nämlich eine Verteidigung gegen die »Kreuzfahrer« (Hauptbegriff der Propaganda), gegen die »Hofgelehrten« (also gegen subtile Denker, die mit einer den Menschen des Westens genehmen, aber sich vom Islam entfernenden Interpretation aufwarten), gegen Abtrünnige und Götzendiener (die arabischen Regierungen): Der Partisan verteidigt das, woran er glaubt. Eine solche Verteidigung ist legitim, und wie der Attentäter Zarnajew[16] wird er auf unschuldig plädieren.

Die Aggressoren sind wir.

Eine solche Defensive bekommt aggressive Züge, weil dem Partisanen währenddessen klar wird, dass die Aktion, an der er teilnimmt, absolut sein muss. Eine Defensive aber ist prinzipiell nicht absolut: Sie verhält sich relativ zum Angriff. Aggression jedoch kann absolut sein: Sie muss sich kein Ziel setzen außer dem, den Gegner zu zerstören und, wenn nötig, sich selbst.

Hierbei handelt es sich nicht darum, wie bei einer Militäraktion von der Verteidigung zum Angriff überzugehen, man erwägt auch nicht, an welchem Punkt man aufhören wird, damit das militärische sich mit dem politischen Kalkül, von dem das Militär nichts versteht, in Einklang bringt. Das hier ist ein Vorstoß ins Absolute, wo der Triumph dessen, woran der Partisan glaubt, der totalen Zerstörung des Angreifers gleichkommt. Ein Terrorist macht keine halben Sachen. Die Welt soll revolutioniert werden, das heißt im Ganzen dorthin zurückgebracht werden, wo sie hingehört: in den Islam.

Das beweist die unaufhörliche Ausbreitung des Kalifats im Kriegsgebiet und auf dem Gebiet der Guerilla.[17] Schmitt spricht vom »tellurischen« Charakter dieses Übergangs von einer relativ defensiven Haltung zu absoluter Aggressivität, kurz gesagt zum Wunsch nach absoluter Kontrolle über das Territorium, über die ganze Welt.

Dieser »tellurische« Vorgang überrascht uns? Dabei entspricht er doch der Ausweitung der Ideen der Französischen Revolution auf ganz Europa – mit Abgesandten aus Deutschland, Holland und England, die darum baten, man möge ihre tyrannischen Regierungen angreifen; und dieser Bekehrungseifer führte in den USA wiederum zu einer derartigen Angst vor jeglichen Aufständen, dass George Washington, noch vor dem *Patriot Act*, ein dringliches Antiterror-Gesetz gegen »die Franzosen« erließ. Dasselbe trieb auch die Hitler-Ideologie an, in dem Appell an die jungen »Europäer«, der die Verteidigung der »Rasse« über die Nationalismen stellte. Und nicht zu vergessen die Sowjets, die die Ideen der Internationale und der Komintern außerhalb der Grenzen der Sowjetunion verbreiteten. Das alles sind »tellurische« Prozesse der Globalisierung.

Das Besondere an dieser Verabsolutierung ist, dass Territorien, wie wir sie kennen, nicht mehr existieren, dass Grenzen und ganze geographische Einheiten unter dem weltweiten Eifer dieses Kampfes und unter dem mächtigen Bestreben, sich über

die ganze Welt auszubreiten, verschwinden. Hier also passt der Begriff »Terrorist« genau: Weil die Defensive in absolute Aggression umgeschlagen ist, verteidigt der »Terrorist« sein Territorium, das die ganze Welt ist. Und seine erste Pflicht besteht darin, das Territorium, wo er lebt und wo er seine Partisanenaktionen verübt, wieder dem Kalifat, also der Instanz, die ihm das Territorium garantiert, zu unterstellen.

Sein »Extremismus« ist die natürliche Erweiterung des Konzepts, das besagt, nichts könne sich dem Wirkungskreis des Terrorismus entziehen, der sich tatsächlich bis an die konkreten als auch spirituellen »äußersten Enden« des Territoriums erstrecken müsse. Hier stößt die Doktrin des *Countering Violent Extremism* (CVE), der den Extremismus als eine irregegangene Form der Politik betrachtet, obwohl er doch eine allumfassende Form ist, an ihre Grenzen.[18]

»Eine folgenreiche Wandlung der Begriffe von Krieg und Feind und Partisan«

Was das Partisanentum, den politischen Krieg, den Feind und die radikale Feindschaft betrifft, reihen sich viele Ideen aneinander und bilden schließlich das, was Schmitt eine »folgenreiche Wandlung« nennt.

Das Partisanentum ist eine moderne Form des Volkskrieges. Als Clausewitz seine Abhandlung *Vom Kriege* schreibt, hat er zwei verschiedene zeitgenössische Modelle des irregulären Krieges vor Augen: den spanischen Volksaufstand von 1809 und den Aufruf zum Aufstand durch den preußischen König von 1813.[19] Deren Modell entspricht jedoch dem des französischen Feindes: Es ist die Nation in Waffen. Das Modell der Französischen Revolution wird abgelöst von der Vorstellung vom Partisanen als irregulärem Verteidiger seines Territoriums. Ist also der Krieg wirklich ein Werkzeug der Politik, wie

Clausewitz behauptet, dann wird das Partisanentum (oder die »Guerilla«) von da ab zu einem Teil des rationalen Schemas des Krieges.

Entwickelt man aus dieser militärischen Neuerung eine Theorie, dann folgt aus der Annahme, der Partisanenkrieg sei ein Krieg mit anderen Mitteln und vor allem aus anderen Motiven, eine ethische Konsequenz. Dann gesteht man den Männern, die keine Berufssoldaten sind und deren Handeln vom »natürlichen, blinden Trieb« des Hasses auf den Besatzer bestimmt wird, »Mut und Talent« zu, wie sie bis dahin den regulär ausgebildeten Soldaten vorbehalten waren. Der Partisan gewinnt in ethischer Hinsicht an Wert.

Der »militärische« Wertbegriff des Heldentums wird also erweitert. So wie die Propaganda des Kalifats in den englischen, französischen, deutschen, russischen[20] und türkischen[21] Zeitschriften heroische Partisanenfiguren feiert, Tote, die auf dem Feld der Ehre gefallen sind und die man verehrt.

Diese »folgenreiche« Wandlung darf nicht unter den Tisch fallen.

Ein globaler politischer Krieg

Der Marxismus-Leninismus liefert dem Kalifat kein Modell, sondern ein Deutungsschema, das über den Guerillakrieg hinausgeht und den Begriff »politischer Krieg«[22] neu definiert.

So erinnert Schmitt daran, dass Lenin nach der Lektüre von Clausewitz und die Weltrevolution im Blick zwischen dem Kriegsspiel und dem eigentlichen Krieg unterscheidet.

Kriege zwischen Staaten sind Kriegsspiele. Wie bei allen Spielen gibt es Regeln und ein Spielbrett. Die gegnerischen Heeresleitungen sprechen eine gemeinsame Sprache, die sie häufig denselben Büchern entnommen haben. Es handelt sich um eine Feindschaft mit Regeln.

Umgekehrt bedeutet Krieg nach leninistischer Vorstellung absolute Feindschaft. Er kennt keine Regeln, keine Konventionen, keine Grenzen. Der Klassenkampf wird in dieser absoluten Form des Krieges konkret, in dem alles erlaubt ist, weil die Zerstörung der herrschenden Ordnung als Rechtfertigung genügt.

Was das Kriegsspiel Waffenstillstand nennt, Waffenruhe, ja selbst Austausch von Gefangenen, Wahrung der Rechte der kämpfenden Soldaten, ergibt keinerlei Sinn – außer, auch das hat Lenin erwähnt, dass man sich dieser Regeln bedient, wenn es sinnvoll ist, aber auch nur dann.

Diese Analyse lässt sich direkt auf das Kalifat und den Dschihadismus übertragen und erklärt außerdem, warum die regulären Mächte angesichts von Folter, Piraterie, Guerilla, aber auch angesichts der schnell einsatzfähigen Kommunikationsmittel und der Verbindungen im Netz und schließlich angesichts der erschreckenden militärischen Schlagkraft des Kalifats so stark in Bedrängnis geraten.[23]

Militärstrategisch gesehen praktiziert das Kalifat eine pausenlose Offensive,[24] die man gern mit dem Begriff *surge* (»Ansturm«) umschreibt, der 2007 im Irak aufkam und 2009 in Afghanistan erneut aufgegriffen wurde; er bezeichnet einen verstärkten Andrang der Bodentruppen im Rahmen einer Gegenoffensive.[25] Wenn ein Begriff, der um der Selbstbestätigung willen entstanden ist, auf eine gegnerische Strategie in einem ähnlichen Kontext angewendet wird, spricht aus dieser rhetorischen Übertragung entweder die eigene Verwirrung oder aber der Wunsch, das Spiel des Gegners in einem Rahmen und in einer Sprache stattfinden zu lassen, die man selbst kontrolliert, mit dem Ziel, die Strategie seines Spiels besser zu verstehen. Das Kalifat betreibt jedoch keine geordnete Strategie des *surge*, sondern eine unablässige Offensive, die immer mit Bodentruppen vorgeht. Es spielt also nicht mit.

Die kriegführenden Mächte reagieren darauf mit einer Kommunikationsstrategie nach dem rhetorischen Modell der

Desinformation, das heißt, sie spielen die Risiken im Vorhinein herunter und übertreiben im Nachhinein die Gefahr: Die Presseagentur lanciert die Meldung »Daech auf dem Rückzug« und spielt die Angriffsziele herunter (»zweitrangige Raffinerie«). Sobald blitzschnelle Siege kurz darauf die Meldung Lügen strafen, wird daraus »Wichtige Raffinerie fällt ISIS in die Hände«. Diese Kommunikationsstrategie hat sich inzwischen als kontraproduktiv herausgestellt.[26] Aber nachdem sie zunächst über die Truppen des Kalifats gespottet hatten, mussten die militärischen Analysten schließlich die Strategie anerkennen, die sich auf eine konstante Bodenoffensive stützt, eine Strategie, die sich einer effizienten militärischen Ausbildung und dem Kampfverhalten der Soldaten des Kalifats verdankt:

> Sie zeigen taktisches Selbstvertrauen, präzise Bewegungen, Feuergeschwindigkeit, Disziplin und Engagement. Ihre Botschaft: Wir wissen, was wir tun, und wir sind gut darin.[27]

Dieser Krieg ist in seiner doppelten Dimension – Guerilla außerhalb des eigenen Territoriums und konventioneller Krieg im Inneren – ein Krieg, wie man ihn seit dem 19. Jahrhundert verschwunden glaubte: ein Eroberungskrieg ohne *endgame*, ohne angekündigtes Ende.

Spiel ohne Regeln

Aus diesem Umschwung resultiert die militärische, nicht politische, Erkenntnis, dass der Islamische Staat wirklich ein Staat ist. Es waren Militärs, die es wagten, das politische Tabu[28] zu brechen, indem sie bestätigten, dass ein Krieg, der nur die eine Regel der ständigen Offensive kennt, ein politischer Krieg, der alle verfügbaren Formen annimmt, schließlich eine unbestreitbare politische Realität schafft.[29] Es ist symptomatisch, dass zwar viele Seiten mit strategischen Erwägungen zu der Frage der *failed states*[30] gefüllt wurden (de facto entsprechen sie eben dem Gebiet, das das Kalifat im Nahen Osten und möglicherweise auf dem Balkan und im Kaukasus erobern will), aber kaum etwas über die Herausbildung dieses »Proto-Staates«[31] zu lesen ist.

Dass die Strategen den Begriff »hybrider Krieg« (reguläre und irreguläre Operationen und Attentate) anwenden, mag dem Wunsch nach Spiel (leninistisch gesprochen) oder nach Formalisierung (nach Clausewitz) entsprechen; in jedem Fall hat er einen Vorteil: Er gesteht ein, der vom Kalifat geführte politische Krieg sei

> eine formale, strukturierte Organisation, der auf vielen Ebenen Krieg in einem konventionellen Verständnis plant und manchmal gleichzeitig verschiedene Formen der Kriegführung wählt, um spezialisierte, kombinierte Operationen durchzuführen.[32]

Dieses verworrene Zitat enthält ein Schlüsselwort: »Formen«. Wer nach »formale Organisation« von »Formen« schreibt, gesteht ein, dass das Kalifat einen Vorzug besitzt: die Formbarkeit.

Als weitere Konsequenz stellt sich die Frage, wie wertvoll überhaupt strategisch-doktrinäre Diskussionen über die sogenannte moralische Asymmetrie sind.

Das internationale Recht gibt den Staaten in der Tat gesetzliche Regeln vor, sowohl was den Entschluss zum Krieg als auch was die Kriegführung angeht.[33]

Das Kalifat mit seinen regulären Truppen und irregulären Partisanen glaubt sich jedoch, von seinem Standpunkt aus zu Recht, nicht verpflichtet, diese Regeln zu befolgen; ja, es hält sie vielmehr für weitere Mittel, die die Ungläubigen erfunden haben, um die Gläubigen in Knechtschaft zu halten. Einem an das Völkerrecht gebundenen Staat ist es untersagt, die Komplizen und Familien der Partisanen mit Repressionen zu belegen; und ein solcher Staat darf auch keinen Vernichtungskrieg gegen feindliche Bevölkerungen führen oder Gefangene exekutieren. Er operiert in einer moralischen Asymmetrie, die das »Spiel« des Krieges immer dann verfälscht, wenn einer der Spieler sich nicht an die Regeln hält, sich seine eigenen Spielfiguren schafft und ständig ein neues Spielfeld entwirft.

Diese moralische Asymmetrie wird von der Gegenpropaganda der Staaten, die den Terrorismus bekämpfen, nur selten angeführt – und damit versäumt man, der Öffentlichkeit eine bedeutsame Dimension des Konflikts zu erklären.

Die Strategie von »Hinterland« und »Front«

Jeder militärischen Spielkarte, die das Militär im Kriegsgebiet der Levante abwirft, entspricht eine Trumpfkarte durch das Rekrutieren oder Auftauchen eines Partisanen. Wir befinden uns »im Hinterland« des Krieges des Kalifats, während die »Front« im Irak und in Syrien verläuft.

Seitdem Truppen auch auf französischem Staatsgebiet stationiert wurden,[34] spielt sich der Krieg gegen das Kalifat drinnen und draußen ab: innen als OPINT, Operationen auf dem inneren Kriegsschauplatz, sowie außerhalb der Grenzen als OPEX, Operationen im Kriegsgebiet.[35] Der Ausdruck »OPINT« ist rein militärisch und nicht für die breite Öffentlichkeit gedacht, für die man im Gegenteil eine akzeptable Rhetorik der »Prävention« entwickelt hat im Rahmen von *Vigipirate* oder PPS – aber wer weiß schon, dass sich hinter dem Kürzel PPS (*posture permanente de securité*), also »ständige Verteidigungsbereitschaft«, verbirgt, dass also, kurz gesagt, Frankreich zu einem Kriegsschauplatz geworden ist? Mittlerweile hat die französische Armee »Feindberührung« im Landesinneren.

Damit ist es dem Kalifat gelungen, das französische Territorium in ein Hinterland des Schlachtfeldes in der Levante zu verwandeln, und das mit allen unvermeidlichen Konsequenzen, wie etwa der verschärften Überwachung der Bevölkerung, Denunziationen unter Franzosen und öffentlich ausgesprochenen Warnungen.

Damit haben wir zugestanden, dass dieser Krieg ein Eroberungskrieg ist und die feindlichen Soldaten, die wir nicht so nennen wollen, hier bei uns operieren.

Die Nicht-Anerkennung dieses Spiels von »Hinterland« und »Front« erklärt endlich auch, warum die Analysten häufig einem falschen Deutungsmuster verhaftet bleiben, wenn sie die Schuldigen für die Attentate benennen sollen: Anstelle von Haarspaltereien wie »Hat wirklich der Islamische Staat diesen Mord angeordnet?« muss man zugeben, dass die rückwirkende Übernahme der Verantwortung für ein Attentat durch das Kalifat, eine Anerkennung ohne »ausdrücklichen Beweis« sich dieser Strategie von »Hinterland« und »Front« verdankt: Das Kalifat operiert außerhalb seines Territoriums, das heißt in den westlichen Ländern, wie eine Widerstandsbewegung. [36]

Daraus folgt, dass das, womit sich die Strategen beschäftigen, also das »Kräfteverhältnis«, aus dem Lot geraten ist: Das traditionelle qualitative Verhältnis (der Dreh- und Angelpunkt des asymmetrischen Krieges) versagt angesichts des neuen qualitativen Verhältnisses, das dieser radikale politische Krieg überfallartig und folgenreich in die Welt gebracht hat.

Wir befinden uns im Hinterland von tatsächlich präsenten Armeen, wir leben auf einem Territorium, das aus radikaler Feindschaft zum Ziel von Angriffen geworden ist, einer Feindschaft, die von einem Ausnahmestaat ausgeht, der, selbst wenn er Rückschläge oder sogar eine Niederlage einsteckt, Sehnsüchte geweckt hat, die in irgendeiner Form weiter wachsen werden. Aber in welcher?

radikale Feindschaft

Ein radikaler Widerstreit

absolute Differenz d. Humanen

Der islamistische Terrorismus des Kalifats wird von einer allgemeinen Feindschaft getragen, er ist vielgestaltig und grenzenlos. Er ist maßlos. Das ist seine Form: eine absolute Differenz.

Das Kalifat lässt mit seinen Ansprachen, Appellen, Heiligenlegenden, Riten und Erzählungen das Wesen des Politischen wiederauferstehen, nämlich die Verkündung und Gründung von etwas Einmaligem und Unvergleichlichem. Dies ist das ontologische Fundament des politischen Handelns, denn dieses Handeln möchte eine radikal neue Entität begründen, deren Dasein in einer absoluten Differenz zu den routinierten und gewöhnlichen Formen der Politik besteht.

Allgemein lässt sich die Argumentation dieses Buches so zusammenfassen: Das Kalifat ist eine Form von radikaler Feindschaft, weil es weder das konventionelle Spiel der politischen Formen noch das formale Spiel des Krieges, noch das Spiel der Menschenrechte mitspielt.[37] Es agiert außerhalb aller Formen. Es lehnt alle weltweit geltenden Regeln ab, die die Sphäre des Politischen, so wie wir es seit etwa fünfzig Jahren praktizieren, bestimmen und begrenzen. Das Kalifat hat eine radikale Distanz zwischen »uns« und sich selbst etabliert, und zwar durch die Art und Weise, wie es das Humane (die Beziehung zur Menschheit) definiert, durch sein politisches Glaubensbekenntnis (das Wesen des Staates), seine Rekrutierung von Zivilisten und Militärs (das Wesen der Gesellschaftsorganisation) und seine Kriegsstrategie (Gegenstand und Methode einer aggressiven Defensive). Mit dieser Distanz reagiert das Kalifat auf das radikale Unrecht, das ihm seiner Meinung nach die Feinde des Islam zufügen.

In jeder Hinsicht deklariert das Kalifat eine absolute Differenz, oder einen sogenannten »Widerstreit«[38]: Das Kalifat liegt nicht im Streit mit den von ihm so genannten »Kreuzfahrern« oder

»abtrünnigen« muslimischen Staaten, in einem Streit also, den man schlichten oder am Verhandlungstisch beilegen könnte (wie im Fall des Iran), es beteiligt sich auch nicht an geregelten bewaffneten Beziehungen (wie im Fall Nordkoreas), sondern es proklamiert den »Widerstreit« als Konsequenz eines von ihm angeprangerten schreienden Unrechts, das »wir« dem Islam zufügen. Das Kalifat lehnt folglich unsere Sprache ab (als Maß der Dinge) und unsere politischen Regeln (als gemeinsames Idiom), mit denen wir Konflikte lösen oder einen Streit beilegen können. Es weist die Möglichkeit einer gemeinsamen Sprache in der Politik zurück, deren Regeln, Rollen, Abläufe und Foren wir angeblich und auch realiter festgelegt haben, Regeln, denen sich selbst die kommunistischen Regierungen fügten und an die sich sogar renitente Staaten mehr oder weniger halten. Das Kalifat ist politisch mit nichts zu vergleichen. Darin ist es einzigartig: Es bejaht und schürt den Widerstreit.

Neun Annäherungen an den Dschihadismus

Der Widerstreit, den das Kalifat austrägt, legt eine neue Art des politischen Diskurses fest, die auf unterschiedlichen rhetorischen Ebenen agiert – rhetorisch insofern, als jede von ihnen spezifische Formen der Überredung und Beeinflussung auf die Partisanen und ihre Gegner ausübt.

Diese sind:

– argumentative Codes, die mit der rationalen Norm brechen;
– eine rednerische Führerschaft, die, obwohl an keine Person gebunden, inspirierend und charismatisch ist;
– ein Aktionsraum, der beliebig erweiterbar ist, weil er durch religiöse Rezitation bestimmt wird, was wiederum zu einem Gefühl der Beherrschung des Raums verhilft;

183

- eine starke Sprache, die schwächere Sprachen zu unterwandern vermag; die sehen sich ihrerseits gezwungen, die starke Sprache zu imitieren, um (nicht) die Schlüsselbegriffe zu bestimmen;
- eine Kommunikationsstrategie, die mit Ablenkung und einer ganzen Palette rednerischer Mittel operiert, die appellativen oder grenzüberschreitenden Charakter haben;
- Ästhetik und Ethik gehen Hand in Hand;
- Wiederbelebung von Geschlechterrollen: Verschiebung der Rolle der Frau und Bestätigung des Krieges als personifizierte Männlichkeit;
- Einrahmung der Aktionen durch Opfer- oder sonstige Riten, die zu einem Gefühl der Beherrschung der Zeit verhelfen; wir reagieren darauf mit rhetorischen Codes, die durch die Kontrollinstanzen unserer Diskursgemeinschaft geschwächt sind. Diese Kontrolle gilt nicht für den Dschihadismus des Kalifats;
- Herausbildung eines Volkes von Freiwilligen und Kämpfern, das einem völlig neuen und gefährlichen Typus entspricht; ein Phänomen, das »uns« eine ursprüngliche Situation der Politik aufzwingt, nämlich den Kampf ums Überleben.

All diese Elemente kamen bei den Angriffen auf Paris am 13. November 2015 und in dem darauf folgenden kommunikativen Sturmangriff in einer erschütternden Weise zum Einsatz. Die Strategen nennen so etwas ein »Lehrbeispiel«. Ein Lehrbeispiel, das jederzeit woanders wiederholt werden kann, in einer anderen Guerillaattacke, unterstützt von denselben kinetischen Prozessen der Propaganda.

PARIS, 13. NOVEMBER 2015

The Great Game

Die Terrorangriffe am 13. November auf die Pariser Bevölkerung zeigen auf brutale Weise, wie das Zusammenspiel der rhetorischen Mechanismen, deren sich die neue und radikale Kriegführung des Kalifats bedient, funktioniert. Seinerzeit hat man den Kampf der Kolonialmächte um die Vorherrschaft in Zentralasien, aus dem später Afghanistan, eine Bastion des Dschihadismus, hervorging, *The Great Game*, »das große Spiel«,[1] genannt. Jetzt findet das große Spiel hier auf unserem Territorium statt und wir sind der Gegner.

Die Methodologie des Kalifats

Jedes Spiel, und mag es noch so brutal sein, folgt Regeln, und in diesem Fall werden sie durch das Kalifat festgelegt. Nachdem die Welt ein halbes Jahrhundert lang nach unseren Regeln spielen musste, hat man uns neue Regeln der Kriegführung aufgezwungen – auf dem Kriegsschauplatz, in der Propaganda und sogar in den Herzen. Nach welchen Regeln funktioniert das Spiel? Die Strategen des Kalifats bezeichnen sie als »Methodologie«. Diese Methodologie hat eine militärische, eine intellektuelle und eine spirituelle Komponente.

Der Begriff »Methodologie« mag uns für einen Krieg im Nahen Osten und einen entgrenzten Guerillakampf von Partisanen unangemessen erscheinen, aber denken wir an Descartes' *Abhandlung über die Methode, seine Vernunft gut zu gebrauchen und die Wahrheit in den Wissenschaften zu suchen*: Eine Methode ist ein »Weg« (altgriechisch *hodos*). Und eine Abhandlung über die Methode oder Methodologie, was das Gleiche bedeutet, erklärt, wie man durch richtiges Denken geradewegs zum Ziel gelangt. Die »Methodologie« des Kalifats ist nichts weiter als der Diskurs über die islamische Methode der Kriegführung, die ein Thinktank des Kalifats ausgearbeitet hat. Sie ist das islamische Pendant zu Clausewitz' Abhandlung *Vom Kriege.*

Sie ist auch eine Roadmap, der die Terrorkommandos folgen; ihr Weg beginnt in Mossul, wo der Kalif predigt, durchquert das ehemalige ottomanische Rumelien, also den Balkan, wo die Vorräte versteckt sind,[2] verläuft ungehindert durch die Schwachstelle Europa und endet schließlich mit dem Eindringen in Frankreich. Der totale Krieg, von dem weiter oben die Rede war und der typisch für die Kriegführung des Kalifats ist, ist auch die Taktik der Stadtguerilla.

Wer die Spielregeln festsetzt und das beste Blatt in der Hand hält, bestimmt auch das Spiel. Die Trumpfkarte des Kalifats ist seine Methode, die stur ihre Ziele verfolgt, auf eine flexible Taktik setzt, mehrere Angriffspunkte hat, hypermodern auf dem Gebiet der Propaganda agiert und so zu einer richtiggehenden »öffentlichen Diplomatie« geworden ist. Eine Methode, die von einem spirituellen Führungsstil getragen wird, dessen Macht wir uns im Westen, seit dem Tod der großen Ideologien, nicht mehr eingestehen wollen.

Um ermessen zu können, welcher sprachlichen Waffen sich das Kalifat bedient, muss man sich nur aufmerksam anschauen, wie die Propaganda des Kalifats methodisch und strategisch den Anschlag vom 13. November erklärt und kommentiert hat.

Werfen wir also einen Blick auf die zweite Phase des Anschlags vom 13. November, die Attacke in den Medien. In der Methodologie passt beides zusammen, der Angriff vor Ort und der Angriff im Internet. Aber es wäre falsch, die Propaganda des Kalifats nur als Beiwerk zu sehen: Die Propaganda ist wesentlicher Bestandteil jeder Militäroperation. Auf einen Anschlag muss ein weiterer Anschlag durch Worte und Bilder folgen, erst die Propaganda, die eine Doppelfunktion hat, macht die Militäraktion komplett: als persuasive Kommunikation richtet sie sich an die Muslime, in ihrer provozierenden Wirkung an die Feinde.

Der mediale Anschlag, Phase 1: Die Siegesmeldung

Zunächst erfolgte am 14. November eine offiziöse Siegesmeldung auf Arabisch[3] und Fanzösisch. Wer auch immer sie verfasst hat (sicher nicht der Mann, der sie im Internet verlas, er war einfach nur ein Sprecher)[4], hat sich strikt an die Methodologie gehalten.

Der Inhalt der Meldung ist doppelbödig: Sie hat einen offensichtlichen und einen versteckten Gehalt. Sie tut offensichtlich kund, die »Soldaten des Kalifen« hätten die »Hauptstadt der Schande und Perversion ins Visier genommen«, um »Angst in die Herzen der Kreuzfahrer zu tragen«. Der Text beginnt mit einem Zitat aus der 59. Koransure und endet mit einem Zitat aus der 63. Sure – das ist der Rahmen, den man ihr gegeben hat. Zwischen den beiden Suren reiht der Text wortreich sämtliche Klischees aneinander, die wir gerne lesen wollen; der für das französische Pressebüro zuständige Redenschreiber des Kalifats weiß, was bei uns verfängt: eine hyperbolische Sprache, wie wir sie zu Beginn dieses Buches erklärt haben und wie sie typisch ist für den Orient. Das Kalifat weiß, dass wir genau das erwarten: Man spiegelt uns, was wir von Seiten des Kalifats hören wollen.

Aber erst die Struktur der Meldung lässt ihre wahre Dimension erkennen: Dschihadistische oder einfach nur muslimische Leser sollen ihr entnehmen, dass ein spiritueller Weg zurückzulegen ist, eine bestimmte Art und Weise der Interpretation gefragt ist.

Schlagen wir den Koran auf und folgen diesem Weg. Die 59. Sure spricht eine deutliche Sprache, sie handelt von einem

187

Stamm, der sich Gottes Botschaft verweigert und sich vergeblich in einer Festung verbarrikadiert. Die betreffende Sure enthält die Lehre: Wenn man weiß, wer Gott ist, nützt es nichts, sich in einer Festung einzumauern und Gottes Macht zu leugnen. Der offensichtliche Sinn ist, dass wir uns in Paris wie in einer Festung befinden, aber dass diese Festung in Wirklichkeit gegen die Kraft des Glaubens wehrlos ist – daher die Angriffe. Der Rahmen ist gesetzt.

Aber es gibt noch eine zweite, darunterliegende Ebene: Unterhalb des wortreichen Textes zieht sich eine geordnete Reihe von Suren dahin, die erst den wirklichen Sinn der Meldung erschließen. Um ihre tatsächliche Wirkung auf eine aufmerksame muslimische oder den Ideen des Kalifats aufgeschlossene Leserschaft zu erfassen, muss man die nicht zitierten Suren zwischen der 59. und der 63. lesen.

Die 60. Sure widmet sich dem Umgang mit Frauen. Dem Koran zufolge gibt es zwei Möglichkeiten, wie man der Versuchung der Abtrünnigkeit entrinnen kann: Man soll sich enthalten, eine Verbindung mit Ungläubigen einzugehen, aber vor allem mit ihren Frauen, die die Versuchung der Unzucht ins Haus tragen. Keine engen Beziehungen also. Jeder, der lesen kann, weiß, wer gemeint ist: Die Orte der Begegnung, das gesellige Gewusel der ungläubigen Welt, ein *Bataclan* (Durcheinander) der menschlichen Beziehungen. Daran schließt die 61. Sure über die »Schlachtordnung« an, in der die Figuren Moses, Jesus und Mohammed erwähnt werden. Warum? Die Sure deutet an: Weil immer, wenn Gott in dieser Welt gesprochen hat, diejenigen, die auf sein Wort hörten, für die darauf folgende Offenbarung taub blieben: die Juden für das Wort Jesu und die Christen für Mohammeds Lehren. Statt eine einheitliche Schlachtordnung gegen Satan zu bilden, hat sich das Volk Gottes aufgeteilt; daher beziehen die wahren Gläubigen, nämlich die Mohammedaner, in der Schlachtordnung Stellung gegen Juden und Christen. Sure 60 nimmt also die Formen sozialer Begeg-

nung aufs Korn und die Sure 61 die Formen religiöser Begegnung. Sure 62, »Die Versammlung«, ist die logische Folge daraus;
sie ist dem Freitagsgebet gewidmet, der Predigt und der Art und
Weise, wie man gemeinsam, »in Schlachtordnung«, der Ausle-
gung des göttlichen Worts lauschen soll. Der Anschlag in Paris
fand in der Tat an einem Freitag statt, die Terrorkommandos
haben also die Predigt gehört und später, vor dem Angriff, im
Abendgebet Gott angerufen.

Dann folgt in dem lesbaren Text die Sure 63, die von den
»Heuchlern« handelt, also von Menschen, die sich als Muslime
ausgeben, aber nur in Worten, nicht auch in Gedanken Muslime
sind. Alle, die zum Schein beim Freitagsgebet zusammenkommen, aber am Abend Fußball gucken, ein Bier im Freien trinken
oder gottlose Musik im *Bataclan* hören. Die in der Meldung
zitierten Suren 59 und 63 geben ihr einen strengen Rahmen: Die
erste meint die Ungläubigen, die letzte die falschen Muslime. Sie
verbergen die Suren dazwischen, die eine methodische Anwendung des Korans sind.

Man kann die doppelbödige Arbeit des Redenschreibers
vom französischen Büro des Al-Hayat Media Centers, dem
Pressezentrum des Kalifats, nur bewundern. Falls überhaupt ein
weiterer Beweis nötig war: Wir haben es hier mit einem absoluten Experten zu tun, der seine Rhetorik-Lektionen gelernt hat,
nämlich sich auf seine Leserschaft einzustellen und dafür zu
sorgen, dass die Message mehrdeutig ist und verschiedene Zielgruppen anspricht.

Aber damit lässt die Methode es nicht bewenden. Unnach-
giebig verfolgt sie ihren Weg.

Der mediale Anschlag, Phase 2:
Die Propaganda

Am 20. November, also eine Woche nach dem Anschlag, brachte das Kalifat die neue Ausgabe seiner englischsprachigen Zeitschrift heraus. *Dabiq*[5] ignorierte die Meldung und brachte stattdessen einen Überblick über die zurückliegenden militärischen Operationen. Der Anschlag in Paris tauchte darin als eine von vielen anderen Aktionen in den Provinzen (*wilayat*) des Kalifats, von Bengalen bis Frankreich, auf. Was uns als ein unvergleichlicher Anschlag, als »Horror« erscheint, ist für die Strategen des Kalifats eine militärische Aktion unter anderen, ein methodischer Schachzug auf einem Spielbrett von der Größe Frankreichs, ein Akt der Kriegführung, ein Element ihres großen Spiels. Frankreich wird zu einem festen Bestandteil im Verzeichnis der Zonen, in denen das Kalifat Fuß gefasst hat. Das Frankreich, das wir kennen, ist bereits eine Provinz des Kalifats, was, wie wir bereits im zweiten Kapitel gesehen haben, genau die Strategie der Guerilla und des wieder zu erobernden Territoriums ist: weil die Partisanen des Kalifats sich als eine »weltweite Widerstandsbewegung« verstehen, im Widerstand gegen eine ungläubige Besatzungsmacht, die sie »terrorisiert« und ihnen gottlose Gesetze aufzwingt, und im Widerstand gegen die »Grenzverletzung« durch den Krieg, der im Nahen Osten geführt wird.[6]

Frankreich wird wie eine *wilaya* behandelt, wie eine Provinz, die nur darauf wartet, vom Kalifat regiert zu werden, mit einer Bevölkerung, die teils aus muslimischen abtrünnigen Fußballfans besteht, teils aus verwirrten ungläubigen Humanisten und Weltlichen, die man in ihre Schranken weisen bzw. wieder auf den rechten Weg bringen muss kraft eines Massakers – ein Massaker, das den Charakter eines Opfers hat, wie wir weiter oben gesehen haben (Kapitel IX), und uns zu einer offenkundigen Konversion zwingen soll.

Frankreich als Frankreich und als Provinz im Kalifat

Frankreich hat neuerdings zwei Seiten: Einerseits gibt es das Land, das wir kennen, mit Flüssen, Bergen, Kirchtürmen, Karussells, Schulen und Weinbergen. Unter diese Oberfläche hat sich unbemerkt ein Double geschoben, die *wilaya Fransa*, ein Gebiet, in dem – einer Halluzination gleich – sich die Partisanen des Kalifats in Stellung gebracht haben, aber auch sogenannte praktizierende[7] Muslime, die ipso facto in einer Parallelwelt leben. Es ist eine Welt, in der der Wunsch laut wird, mit Hilfe einer neuen Bodenordnung des »muslimischen Riesen«[8] die endgültige Konversion zu vollziehen. So beginnt auf dem zweigeteilten Territorium die Existenz eines anderen Volkes, das das französische Volk, welches dort zu leben meint, halbiert und verdoppelt zugleich; ein dschihadistisches Volk, dessen populistische Triebfedern und dessen Mechanismen der Verkettung »aufständischer« Interessen im Kapitel XII beschrieben wurden.

Eine rhetorische Ironie ist dabei unbemerkt durchgeschlüpft: Warum hat das Kalifat diese Informationen zunächst auf Englisch und nicht auf Französisch publiziert? Weil Englisch eine Weltsprache ist und somit perfekt für eine »weltweite Methode des Widerstands«. Das trifft auf das Französische nicht mehr zu. Die französische Öffentlichkeit musste zwei Wochen lang warten, bevor sie in ihrer Sprache lesen konnte, was das Kalifat über den Anschlag denkt. Das Kalifat spiegelt uns die Verachtung, mit der unsere Medien es überschütten.

Am 21. November stellt die Informationsmaschinerie des Kalifats ein Video ins Internet, das den melodramatischen Titel trägt: *Paris ist zusammengebrochen.*[9] Dieses Video, gepostet durch ein regionales Medium im *Wilayat Halab*[10] (Aleppo), wirkt auf drei Ebenen. Das Kalifat erklärt, Informationen von Aleppo aus zu senden, und zeigt dadurch, dass es von dieser syrischen Provinz aus operieren kann, obwohl dort noch erbittert gekämpft wird; es zieht das Gerede über den Ausnahmezustand ins Lächerliche; und schließlich dreht es eine beliebte

191

Erklärung der vorgeblichen »Selbstradikalisierung« um (manche der Leute, die sich dem Kalifat anschließen, seien »labil«): »Eure Soldaten werden geisteskrank zu euch zurückkommen.« Das Video zeigte die gewünschte Wirkung: Skandal, Horror und Erschütterung.

Erst drei Wochen nach dem Anschlag, aber drei Tage nach dem Nationalen Gedenken an die Opfer (27. November), also am 30. November, lanciert die öffentliche Diplomatie des Kalifats endlich in der Zeitschrift *Dar al-Islam* einen Kommentar auf Französisch. Er beginnt emotional und endet rational.

Zunächst wird die erste Meldung wieder aufgenommen, vor allem aber beschäftigt sich der Diwan (der Rat) des Kalifats in diesem Text argumentativ untermauert mit dem tieferen Grund für den Angriff, nämlich mit unserer laizistischen Erziehung (ein Thema, mit dem wir uns im Kapitel VII über die Emigration der Frauen beschäftigt haben), die nur Anbeter des Humanen, aber keine Gläubigen hervorbringt. [11] Die Vordenker des Kalifats fegen den kulturellen Relativismus beiseite, der in den Augen der Muslimbrüder ein objektiver Verbündeter der Islamischen Sache ist (ihre »kulturelle Strategie«), und stoßen ins Herz des Themas vor. Frankreich ist der absolute ideologische Feind, das Vaterland der Aufklärung, das jegliche Religion aus dem öffentlichen Diskurs verbannt hat und nicht duldet, dass sich der Glaube in den Einflussbereich der Republik drängt; dieses Land ist schlimmer als ungläubig, nämlich rationalistisch und humanistisch. Das Kalifat hält daraus zwei Auswege bereit: Die schnelle Lösung für den »Muslim, der nicht hinnehmen will, dass sein Kind mit diesen Sünden erzogen wird, ist, sich in das Land des Islam, also auf die *Hidschra* ins Kalifat zu begeben« (durch eine der drei im Kapitel II beschriebenen »territorialen« Bewegungen). Die zweite Lösung ist der Mord an Lehrern öffentlicher Schulen. Eine dritte Lösung, der militärische Angriff, muss nicht genannt werden, hat doch die Terroraktion vom 13. November genau diese strikt festgelegte und durchdachte Abfolge von Propagandaschriften, echte öffentliche Diplomatie, in Gang gesetzt.

In einem zweiten Schritt hat das Kalifat geduldig das nationale Gedenken am 27. November abgewartet. Es handelt, indem es dieses kommentiert und beinahe jedes einzelne Wort aus der Rede des Staatsoberhaupts aufnimmt. Auf die Erklärung des Präsidenten: »Paris, die Stadt, die uns mit einem Mantel aus Licht umgibt … wir, wir haben die Liebe«, reagiert al-Hayat schonungslos methodisch:

> Die sich für Allah lieben … sind Menschen, die sich für Allah geliebt haben, ohne dass eine verwandtschaftliche Bindung zwischen ihnen besteht, und diese Liebe gründet nicht auf ökonomischem Interesse … Ihre Gesichter sind Licht und sie sind die Kanzel der Liebe.[12]

Zwischen die Erklärung vom 20. November, die sich an ein Publikum weltweit richtete, und der vom 30. November, die auf das französische oder französischsprachige Publikum abzielte, hat der Mediendienst des Kalifats ein Video in einer dritten europäischen Sprache, auf Deutsch, geschoben – es behandelt »die Kosten des Krieges«, besonders die Kosten an Menschenleben.[13]

Diese globale und methodische Medienkampagne endet Anfang Dezember mit der Publikation einer Broschüre, die sachkundig und präzise über die Methoden der Manipulation in den Medien aufklärt.[14]

Damit endet der zweite mediale Anschlag der Propaganda. Das Kalifat geht zur Vorbereitung einer neuen großen Operation über, nachdem es mit dem Attentat im US-amerikanischen San Bernardino (2. Dezember) für ein gewisses Ablenkungsmanöver gesorgt hat. Der Anschlag vom 13. November ist abgeschlossen. Von nun an gehört er zur Heldengeschichte des Kalifats.

Die Macht der Literatur

Warum eigentlich wird der mediale Anschlag mit solcher Raffinesse geführt? Sicher nicht, um die Territorien, die Ziel des Angriffs waren, zu beeinflussen. Aber sicher, um Anhänger zu werben. Und noch sicherer, um den Truppen des Kalifats auf dem westlichen Kriegsschauplatz oder zerstreuten Kämpfern in den fremden Gegenden der Stadtguerilla moralische Unterstützung zu leisten, eine politische Vision zu geben und sie zu versichern, dass das Zentrum die Zügel weiter in der Hand hält.

Noch etwas kommt hinzu, was uns ins Zentrum der Macht dieser ideologischen Propaganda führt: der Aufbau eines umfangreichen Archivs des Kalifats.

Texte, Videos und auch die zahllosen Mitteilungen von Soldaten, Partisanen und Sympathisanten des Kalifats in den sogenannten sozialen Medien werden zum Bestandteil einer großen Bibliothek. Diese Bibliothek des Dschihad reiht sich ein in die lange, religiöse, hagiographische Geschichte des Islam und wird ein Teil der langen und reichhaltigen Tradition von der »Herrschaft Gottes«[15]. Auch wenn das Kalifat in seiner jetzigen Form verschwände, seine Bibliothek bliebe bestehen und könnte weiterhin als Inspiration, Lehre und Vorbild dienen. Die Bibliothek wird überleben und uns weiter heimsuchen.

Hätte man voraussehen können, dass das Zeitalter der globalen elektronischen Kommunikation uns nicht nur eine nie gesehene Form des Krieges bescheren, sondern dass diese Kommunikation sich außerdem an einem durch und durch literarischen Vorbild orientieren würde – hinsichtlich des Inhalts, des Stils, der Sprache und des komplexen Gebildes von Zitaten und Verweisen? Keine Ideologie, keine soziale Bewegung, kein globales Programm hat es seit dem Aufkommen des Internets so gut verstanden, diese »E-Technik«[16] der elektronischen Massenkommunikation in ein derart universelles und vielschichtiges Werkzeug der Macht zu verwandeln, das sich an

194

die unterschiedlichsten Adressaten richtet, und das mit solcher Urteilssicherheit und taktischer Frechheit.

All jene, die seit zehn Jahren die Leier vom »Tod des Buches« und des neuen Schreibstils aus Kurzmitteilungen und SMS-Gestammel anstimmen sowie den Untergang der »Geistes-wissenschaften« bejammern, täten gut daran zu erforschen, wie das Kalifat seine Propaganda auf den Weg gebracht hat, eine Propaganda, die nicht nur auf eine gewisse Bildung schließen lässt, sondern auch vielsprachig und multimedial ist, durch Texte und eine ausgearbeitete Argumentation sowie eine intelligente, kämpferische Filmografie besticht. Diese Propaganda bedient sich des Werkzeugs Internet tatsächlich wie eines Werkzeugs und erhebt es nicht zu einem Ideal und Selbstzweck; damit ist es ihr gelungen, eine ideologische Bibliothek zu schaffen, die ihres-gleichen sucht.

Grausam paradox ist, dass im Internet nichts verschwindet – die Christen konnten die Bibliothek von Alexandria nieder-brennen und die großen Werke der griechischen Literatur und Wissenschaft in Asche verwandeln, aber niemand wird die Bibliothek des Kalifats auslöschen können. Das Werkzeug Internet hat sich gegen uns gewandt wie Frankensteins Mons-ter gegen seinen Erfinder. In der Liste der zwanzig Fragen, die das Magazin *Der Spiegel* zum Kalifat stellt, wird diese grund-legende Dimension verschwiegen. Frage 21, die nicht gestellt wird, weil sie symptomatisch für unsere postmoderne Verach-tung für die unbegrenzte Macht der Bücher ist, ist die nach der beeindruckenden literarischen Macht des Kalifats.[17]

Wünschenswert wäre auch, man zöge aus dem 13. Novem-ber eine weitere Lehre: Wir müssen uns bewusst machen, dass nichts und niemand eine Kultur der Geisteswissenschaften, eine gehobene Literatur und Redekunst, wie sie der europäischen Zivilisation zu eigen sind, ersetzen kann. Die Macht der Biblio-thek des Kalifats besteht darin, dass sie nach und nach, Buch für Buch und Schlacht auf Schlacht an Boden gewinnt; sie setzt sich fest auf den durch abnehmende Bildung verwüsteten Territorien, wo einst kultivierte Bevölkerungen jeden Tag mehr in bequemer und spöttischer Unwissenheit versinken, aus der sie nur noch nach einem Blutbad kurz erwachen, um ihrer Wut und ihrer Trauer Luft zu machen. Aber Pathos kann Kultur nicht ersetzen. Friedhöfe sind stumm.

Die Geschichte des Abendlandes ist ein rhetorischer Friedhof. Seit Homer stehen sich Formen der Überredung und Überzeugung als Ersatz für die Gewalt der Waffen gegenüber und stecken das geistige Territorium ab, auf dem die Kämpfe um die Herrschaft ausgetragen werden. In jeder bedeutenden Epoche in der Geschichte musste die Menschheit mit ansehen, wie eine rhetorische Form verschwand und eine andere an ihre Stelle trat. Die athenische Debatte unter Gleichen räumt das Feld für Roms imperiale Redekunst; Rom beugt sich der christlichen Predigt; die Monarchie stürzt, als die Volkstribune der Revolution die Rednertribüne besteigen; das 19. Jahrhundert wird Zeuge, wie die politische Debatte durch wirtschaftliche Transaktionen, »die Macht des Geldes«, ersetzt wird; dieses wiederum provoziert den Aufstieg populistischer Regime, die, von Lenin bis Mao, auf die wortgewaltige Macht des Führers setzen, der die Masse der Stimmlosen anführt. Und nun ist sogar das verschwunden.

Seit einem halben Jahrhundert hätte man glauben können, die westliche Welt würde sich ewig in den Schlaf wiegen – im Klang ihrer eigenen gemäßigten, Achtung gebietenden Stimme, die zwar manchmal lauter wird, aber im Grunde Ruhe und Zufriedenheit ausstrahlt. Verstummt war also die aufrüttelnde Kraft des Wortes, das den Takt von Aufstieg und Fall von Reichen vorgegeben hatte. Seit einem halben Jahrhundert haben wir aus unserem Universum der politischen Repräsentation das revolutionäre und erregende Potential einer lebendigen, drängenden, extremen Rhetorik des Ideals verbannt. Wir hörten uns beim Sprechen zu. Im Alltag erhoben wir kaum die Stimme. Wenn wir diskutierten, dann in lauen Auseinandersetzungen.

Alles war nur Dialog, Konversation, Verwaltung, braver und gemäßigter Austausch. Es war sogar so weit gekommen, dass jedes vermeintlich »verletzende« Wort als politisch unkorrekt geächtet wurde. Wir lebten. Aber nun geht es um das Überleben – über uns Hinausleben.

Denn der Deckmantel, unter dem wir unsere gemäßigten Illusionen verbargen, ist von oben bis unten zerrissen: Auf die Weltbühne sprang mit Waffen und Worten der dschihadistische Partisan oder Soldat, schrecklich und wortmächtig. Die Kanzel bestieg der Kalif, dessen Überredungskraft Armeen mobilisiert und ein neues Volk um sich versammelt. Junge Leute eilen herbei. Frauen begeben sich auf die lange Reise; ganze Kulturen werden vernichtet. Eine energiegeladene Propaganda, hypermodern in ihren Ausdrucksmitteln, aber sehr altertümlich in ihren Inhalten, hat von unserem geistigen Horizont Besitz ergriffen, unterwandert unsere Sprache und unseren Diskurs. Werden wir der letzte Grabstein auf diesem rhetorischen Friedhof sein? Die Geschichte hat wieder Luft geholt, sie spricht nun mit Stentorstimme und heißem Atem.

Was tun? Wir sollten aufhören zu glauben, der Lauf der Welt sei mit uns an seinem Höhepunkt angelangt. Wir sollten in unserer Geschichte nach den Mitteln für eine Neubesinnung suchen. Wir sollten uns gemeinsam rhetorisch bewaffnen, und zwar auf Augenhöhe mit dem Kalifat. Denn der Tag wird kommen, an dem wir das Kalifat oder seinen Nachfolger nicht nur bekämpfen, sondern auch mit ihm sprechen müssen; wir werden dem Kalifat nicht nur auf dem Schlachtfeld mit der gebotenen Stärke entgegentreten, sondern ihm auch und vor allem auf dem Feld der Überredungskunst Paroli bieten müssen – und in einem kriegerischen Frieden überleben. Lasst uns die Karten neu mischen. Erheben wir die Stimme. Ziehen wir unsere Trümpfe.

Carthago delenda est.

ANMERKUNGEN

Prolog

1 Elliot Friedland, *The Islamic State*. Report, Washington, D.C., The Clarion Project, 10. Mai 2015, www.clarionproject.org (regelmäßig aktualisiert). Die Website archiviert auch die regelmäßig veröffentlichten englischen Ausgaben der vom Kalifat herausgegebenen Zeitschrift *Dabiq*.

2 *Dâr al-Islâm*, 2. Januar 2015, S. 2. Kann auf www.archive.org heruntergeladen werden.

3 Philippe-Joseph Salazar, *Mahomet*. Récits français de la vie du Prophète, Paris 2005.

4 Die arabischen Wörter werden alle nach dem phonetischen Gebrauch der deutschen Sprache wiedergegeben. Die Begründung dafür findet sich in Kapitel III.

5 Ibn Rajab Al-Hanbalî, *La Profession de foi*, Lyon 2004.

6 Tom Holland, »We must not deny the religious roots of Islamic State«, in: *New Statesman*, 17. März 2015, www.newstatesman.com. Vielleicht wundert sich der Leser über die vielen Quellen in englischer Sprache. Das liegt daran, dass die meisten Quellensammlungen und die Forschung über das Kalifat in angelsächsischen Ländern betrieben werden oder von Institutionen, die sich dieser Sprache bedienen.

7 Jérôme Fourquet, Ifop-Umfrage zu den republikanischen Werten, analysiert von Vincent Tournier in *Atlantico*, 10. Mai 2015, www.atlantico.fr: »Die kalte Dusche: 65 % der Franzosen sind nicht mehr empfänglich für die Begriffe ›Republik‹ und ›republikanische Werte‹.«

8 Abu Muhammad al-Julani, »Victory from God and conquest is close«, Audiobotschaft (mit englischer Übersetzung), 1. April 2015, www.pietervanostaeyen.wordpress.com.

9 Alle Koran-Zitate entnommen aus: *Der Koran*. Aus dem Arabischen übertragen von Max Henning, Stuttgart 1960.

10 Ruhollah al-Musavi al-Khomeini, *Imam's Final Discourse*, Teheran 1983.

11 *Nahdsch-ul-Balagha – Pfad der Eloquenz: Aussagen und Reden Imam Alis*, Bremen 2007 (Bd. 1) und 2009 (Bd. 2); im Web: http://www.eslam.de/manuskripte/buecher/nahdsch-ul-balagha/nahdsch-ul-balagha_inhalt.htm.

12 *Dâr al-Islâm*, 1. Dezember 2014, S. 2. Kann auf www.archive.org heruntergeladen werden.

13 Joseph Garcin de Tassy, »La rhétorique des nations musulmanes, d'après le traité persan intitulé *Hadâyik ul-balâgât*« (Werk von Schams uddin Faquîr, Mitte des 18. Jahrhunderts, Hindustani), in: *Journal asiatique*, November 1844, S. 366–408, ww.gallica.bnf.fr.

14 Ibrahim Madkour, *L'Organon d'Aristote dans le monde arabe: ses traductions, son étude et ses applications. Analyse puisée principalement à un commentaire inédit d'Ibn Sînâ*, Paris 1935.

15 Miguel Cruz Hernández, *Histoire de la pensée en terre d'islam*, Paris 2005.

16 Averroës, *Die entscheidende Abhandlung*. Hamburg 2009.

17 An-Nawawî, *Das Buch der Vierzig Hadithe*, Berlin 2007.

18 Ibn Taymiyya, *Épître sur le sens de l'analogie (Rissālatun fi ma'na-l-qiyāss)*, Beirut 1996. Autor vom Ende des 13./Anfang des 14. Jahrhunderts, den das Kalifat zitiert (siehe *Dâr al-Islâm*, 1. Dezember 2014, S. 5).

19 Al Ghazali, *Le Livre du licite et de l'illicite (Kitāb al-halāl wa-l-harām)*, Beirut 1999, S. 141.

20 Colin Bunzel, »32 Islamic State fatwas«, 2. März 2015, www.jihadica.com.

21 Averroës, op. cit., S. 21.

22 Al Ghazali, op. cit., S. 178.

23 Abdel-Magid Turki, »Pour ou contre la légalité du séjour des musulmans en territoire reconquis par les chrétiens« (A. d. A.: Spanien, Sizilien, Balkan, Kaukasus), 20. Mai 2000, www.oumma.com.

24 *Dâr al-Islâm*, 2. Januar 2015, S. 6.

25 John Hall, »A hug from the executioner«, *Mail Online,* 23. April 2015, www.dailymail.co.uk.

26 Al-Nawawi, op. cit., Hadith 42.

27 Colin Bunzel und William McCants, »Experts weigh in (part 1): How does ISIS approach the Islamic scripture?«, *Brookings Institution,* 24. März 2015, www.brookings.edu.

28 Ahmed Bouyerdene, *L'Humanisme et l'Humanité en islam*, Paris 2015. John Ware, »Inside the world of ›non-violent‹ Islamism«, in: *Standpoint*, März 2015, www.standpointmag.co.uk.

Kapitel I

1 Abu Bakr al-Baghdadi, *Khotba de l'Émir des Croyants Ibrahim à Mossoul* (Die Predigt, in der das Kalifat ausgerufen wurde), Video, 5. Juli 2014, auf der Website *Ansar Al-Haqq*, mit teilweiser englischer Über-

setzung, www.ansar-alhaqq.net und www.ansaaar1.wordpress.com; auch auf YouTube. A. d. A.: Von hier an entweder Ibrahim oder al-Baghdadi genannt.

2 »Islamic State releases ›al Baghdadi message‹«, *BBC,* 15. Mai 2015, www.bbc.com.

3 Matt Bradley und Maria Abi Habib, »Video purportedly shows Islamic State leader«, in: *Wall Street Journal,* 5. Juli 2014, www.wsj.com.

4 »Das Gesetz Allahs oder die Gesetze der Menschen«, in: *Dabiq,* Nr. 10, Februar 2016, auf www.archive.org. Ramzy Baroud, »›Islamic State mystery‹: The anti-history of a historic phenomenon«, in: *Middle East Eye,* 17. Februar 2015, www.middleeasteye.net.

5 Ali Hashem, »The many names of Abu Bakr al Baghdadi«, in: *Al Monitor,* 23. März 2015, www.al-monitor.com.

6 American State Department, *Designations of Foreign Terrorist Fighters,* 24. September 2014, www.state.gov.

7 Philip Halldén, »What is Arab Islamic rhetoric? Rethinking the history of Muslim oratory art and homiletics«, in: *International Journal of Middle East Studies,* 37, 2005, S. 19–38.

8 Zakaria Makri, *Le Tajwîd, règles de la lecture coranique,* Lyon 2005.

9 Die in der Rhetorik oft gebrauchte Idolenlehre stammt von dem Philosophen Francis Bacon. Siehe ders., *Neues Organon* 1, Deutsch/Lateinisch, Hamburg 1990.

10 So André Pellet bezüglich des Status der aus der Zerschlagung Jugoslawiens hervorgegangenen Staaten: »»The opinions of the Badinter Arbitration Committee«, in: *European Journal of International Law,* 3/1, 1992, S. 178–185, www.ejil.org. Dem zugrunde liegt die Konvention von Montevideo (1933), die vier Kriterien für die Definition eines Staates vorgegeben hatte.

11 Ebd., S. 182.

12 Bernard Lewis, *Die politische Sprache des Islam,* Hamburg 2002.

13 Patricia Crone, *God's Rule. Government and Islam,* New York 2004.

14 Andrew F. March und Marie Revkin, »Caliphate of Law«, in: *Foreign Affairs,* 15. April 2015, www.foreignaffairs.com.

15 Aaron Y. Zelin, *The Islamic State Model,* ICSR, London, 29. Januar 2015, www.icsr.info.

16 Henry Kissinger, *Weltordnung,* München 2016, sowie der Kommentar von James Traub, »The Problem with Kissinger's World Order«, in: *Foreign Policy,* 5. Mai 2015, www.foreignpolicy.com.

Kapitel II

1 *Code pénal*, partie législative, L. IV., Titre II: Du terrorisme, 1. Kap.: »Des actes de terrorisme«, Art. 421-1; dt. Übersetzung: *Das französische Strafgesetzbuch – code pénal*, in Kraft getreten am 1. März 1994, Berlin 2009, S. 319.

2 *Strafgesetzbuch*, § 129a StGB://www.gesetze-im-internet.de/stgb/__ 129a.html.

3 *Corpus Juris Civilis*, Ausgabe von Theodor Mommsen und Paul Krüger, Digesta, L, 16, *De verborum significatione*, § 239, Berlin 1889.

4 American State Department, *Terrorist Designations of Groups Operating in Syria*, 14. Mai 2014, www.state.gov. American State Department, *Country Reports on Terrorism 2013*, Kapitel VI, »Foreign Terrorist Organizations«, April 2014, www.state.gov.

5 Ebd. Siehe auch Alain Rodier, »Califat islamique: extension à l'international«, *Note d'actualité* no. 382, Centre français de recherche sur le renseignement, 1. Februar 2015, www.cf2r.org.

6 Erin Marie Saltman und Charlie Winter, *Islamic State: The Changing Face of Modern Jihadism*, London 2014, www.quilliamfoundation.org.

7 Lenin, *Was tun?*, abrufbar unter www.marxists.org.

8 Patricia Crone, »›Jihad‹: idea and history«, in: *Cosmopolis*, 2015/1, S. 83–88.

9 John M. Owen IV, »From Calvin to the Caliphate«, in: *Foreign Affairs*, Mai/Juni 2015, www.foreignaffairs.com.

10 Bernard Lewis, *From Babel to Dragomans. Interpreting the Middle East*, New York 2004.

11 *How to survive in the West. A mujahid guide*, 2015 (ein Führer für Terroristen); abrufbar unter www.investigativeproject.org/documents/misc/863.pdf.

12 *Hijrah to the Islamic State. What to packup, who to contact, where to go* (ein Führer für diejenigen, die in das Kalifat aufbrechen wollen), 2015, www.usarchive.org. Anonym, »Escape to the Islamic State«, 27. November 2014, www.news.vice.com. Die 11 Seiten Kommentar listen die vielen beleidigenden und dümmlichen Klischees auf und zeigen, wie schwer sich viele damit tun, das Problem zu verstehen.

13 *Profiles of perpetrators of terrorism – United States* (PPT-US), START, U.S. Department of Homeland Security und Maryland University, 30. Juni 2012, www.start.umd.edu. »UN says ›25,000 foreign fighters‹ joined Islamists militants«, BBC, 2. April 2015, www.bbc.com.

14 Bilal Philips, *Le Retour à dieu. La notion de repentir en islam*, Lyon 1999.

15 *Dâr al-Islâm*, 2. Januar 2015, S. 2.

16 »Terrordrohungen gegen Portugal, Spanien und Frankreich. Islamist aus Luxemburg auf IS-Video«, in: *Luxemburger Wort*, 5. Februar 2016, www.wort.lu.

17 Torgier P. Krokfjord, »Voldssiralen har eskalert«, in: *Dagbladet*, 23. April 2015, www.dagbladet.no.

18 Soren Seelow, »Le suspect de l'attentat déjoué n'avait pas le profil d'un délinquant radicalisé«, in: *Le Monde*, 23. April 2015, www.lemonde.fr. Aiz Zemouri, »Djihad: qui sont les hommes interpellés à Lunel?«, in: *Le Point*, 25. April 2015, www.lepoint.fr. Josepha Bougnon, »De Maxime Hauchard à Abu Abdallah al-Faransi, itinéraire d'un Français parti faire le Djihad«, in: *Jerusalem Post*, französische Ausgabe, 27. November 2014, www.jpost.com. »Le cyber-djihadiste français al-Normandy condamné à un an de prison ferme«, *France 24*, 4. März 2014, www.france24.com.

19 James Dowling, Angus Thompson und Tom Ninear, »Jake Bilardi wrote of terror and death in his online blog«, in: *Herald Sun*, 12. März 2015, www.heraldsun.com.au.

20 »Salafists want to establish their own Islamic state in Germany«, in: *AhlulBayt News Agency-ABNA-ShiaNews*, 23. April 2015, www.abna24.com. Daniel H. Heinke, »German Jihadists in Syria and Iraq: an update«, *ICSR*, 29/2/2016, www.iscr.info. Pieter Van Ostaeyen, »Belgium's Syria fighters – A Statistic Analysis«, 19. Februar/21. März 2014, htps://pietervanostaeyen.wordpress.com.

21 Isabelle Grangaud und Nicolas Michel, Einleitung zu der Ausgabe »L'identité«, *Revue des mondes musulmans et de la Méditerranée*, 127, 2010, S. 13–27.

22 Scott Shane, »From Minneapolis to ISIS: An American's path to Jihad«, in: *The New York Times*, 21. März 2015, www.nytimes.com. Joanna Paraszczuk, »IS threatens to ›Burn America‹ in new propaganda video«, *Radio Free Europe*, 13. April 2015, www.rferl.org.

23 »Who are Australia's radicalised Muslims?«, *BBC*, 12. März 2015, www.bbc.com. Joanna Paraszczuk, »Australian IS militant calls for attacks on civilians«, *Radio Free Europe*, 22. April 2015, www.rferl.org.

24 Christopher Anzalone, »Canadian foreign fighters in Iraq and Syria«, *CTC Sentinel*, 30. April 2015, www.ctc.usma.edu. Islamic Social Services Association, National Council of Canadian Muslims, Royal Canadian Mounted Police/Gendarmerie royale du Canada, *United against terrorism*, 2014, www.issaservices.com.

25 Sami A. Aldeeb Abu-Sahlieh, *La Fatiha et la Culture de la haine. Interprétation du 7e verset à travers les siècles*, Centre de droit arabe et

musulman, 2014, www.amazon.com. Eingehende Studie, auf der Grundlage von Exegesen muslimischer Theologen aus unterschiedlichen islamischen Rechtsschulen.

26 Video vom 19. April 2015 – Der Clip kombiniert eine Geschichtslektion über die verschiedenen Arten des Christentums mit Zeugenaussagen und einer zweifachen Massenhinrichtung von Christen und schließt mit einer Ermahnung an die Adresse der »Irrenden« (insbesondere armenische und syrische Christen): [Die Christen werden bestraft werden] Bis sie die Notwendigkeit [der Konversion] einsehen. Zugänglich auf www.bestgore.com.

27 Orlando Crowcroft, »Why are so many young British Muslims joining Islamic State in Iraq and Syria?«, in: *International Business Times*, 9. April 2015, www.ibtimes.co.uk. Brenda Stoter, »Radicalized Western women lead children into Islamic State«, in: *Al Monitor*, 13. April 2015, www.al-monitor.com.

Kapitel III

1 Leo Trotzki, *Terrorismus und Kommunismus*, zu finden unter: www.marxists.org.

2 Jean-Paul Sartre, *Kritik der dialektischen Vernunft*, Reinbek bei Hamburg 1967. Viele Passagen des Buches, sowohl im ersten wie im zweiten Band, widmen sich den Praktiken des Terrors. Zusammengenommen bilden sie vielleicht die eingehendste philosophische Betrachtung über den Terror als solidarische Praxis.

3 Siehe die Tweets mit dem hashtag #IS (überprüft vom 20.–27. April 2015).

4 *Dabiq* (deutsche Ausgabe), 1. Juli 2014, S. 33, https://archive.org/download/Dabiq1_201605 (Registrierung erforderlich).

5 *Dabiq* (englische Ausgabe), 8. April 2015, S. 17.

6 Auf *France 24*, englischsprachiger Sender.

7 Paul Bacot, Dominique Desmarchelier und Jean-Paul Honoré, »Les usages politiques d'une réduction«, in: *Mots. Les langages du politique*, 95, 2011, S. 5–10.

8 »EI, EIL, Daech, comment appeler les jihadistes en Irak et Syrie«, *France 24*, 16. September 2014, www.france24.com.

9 Office of the United Nations High Commissioner for Human Rights, *Report … on the human rights situation in Iraq in the light of abuses committed by the so-called Islamic State in Iraq and the Levant and associated groups*, 13. März 2015. Die BBC weigert sich, das »pejorative Daesh« zu verwenden.

10 Adam Taylor, »France is ditching the ›Islamic State‹ name – and re-

placing it with a label the group hates«, in: *The Washington Post,* 17. September 2014, www.washingtonpost.com.

11 »Islamic cult a death cult – Abbott«, *IOL News*, 1. September 2014, www.iol.co.za. Wiederholt von F. Hollande am 27. November 2015.

12 Pieter Van Ostaeyen, »On the origin of the ›name‹ DAESH – The Islamic State in Iraq and as-Shām«, 18. Februar 2014, https://pietervanostaeyen.wordpress.com.

13 Mark Sedgwick, »Jihadism, narrow and wide: The dangers of loose use of an important term«, in: *Perspectives on Terrorism,* 9/2, 2015, S. 34–41.

14 *Dabiq*, 1. Juli 2014, »The return of the Kilafah« (englische Ausgabe); »Die Rückkehr der Khilafah« (deutsche Ausgabe), 1. Juli 2014.

15 Das Konzept wurde erarbeitet von Jean-Pierre Faye, *Totalitäre Sprachen*, Frankfurt/M., Berlin, Wien 1977.

16 Nach einem Bericht von Ende 2015 befinden sich in den Streitkräften des Kalifats 760 Deutsche. Siehe: *Foreign Fighters,* »An Updated Assessment of the Flow of Foreign Fighters into Syria and Iraq«, The Soufan Group, Dezember 2015, http://soufangroup.com/wp-content/uploads/2015/12/TSG_ForeignFightersUpdate3.pdf.

17 Fred M. Donner, »Qurʼānicization of religio-political discourse in the Umayyad period«, in: *Revue des mondes musulmans et Méditerranée,* 129, 2011, S. 79–92. Über das »koranische Tabu« auch der kürzlich verstorbene Abdelwahab Meddeb, *Sortir de la malédiction. L'islam entre civilisation et barbarie*, Paris 2008.

18 Tariq Ramadan und Yûsuf Al-Qardâwî (Hg.), *Recueil de fatwas. Avis juridiques concernant les musulmans d'Europe*, Lyon 2002.

19 »Un Haut-Normand à l'État islamique: le témoignage d'une habitante de son village«, in: *Tendance Ouest*, 17. November 2014, www.tendanceouest.com.

20 *Dabiq 7* publiziert ein Interview mit der Ehefrau Coulibalys, »die er aus Loyalität mit dem Kalifat vorsorglich hier in Sicherheit gebracht hatte, während er seine Konversion und seinen Angriff vorbereitete, gelobt sei er« (S. 50), also ein geplanter Verrat.

21 *Code de justice militaire*, Art. L331-2: »Jeder Franzose und jeder Angehörige des französischen Militärs, der in Kriegszeiten die Waffen gegen Frankreich erhebt, begeht Verrat und wird mit lebenslänglicher Haft und einer Zahlung von 750 000 Euro bestraft.«

22 *Das französische Strafgesetzbuch Code pénal*, Deutsche Übersetzung von Lieselotte Lüdicke, Berlin 2009. Verrat und Spionage, Art. 411-4: »Wer zu einer fremden Macht, einem ausländischen oder unter ausländischer Kontrolle stehenden Unternehmen, einer ausländischen oder unter ausländischer Kontrolle stehenden Organisation oder den

jeweiligen Mittelsmännern geheime Verbindungen unterhält, um Feindseligkeiten oder Angriffshandlungen gegen Frankreich hervor- zurufen, wird mit 30 Jahren Festungshaft und 450 000 Euro Geld- strafe bestraft. Mit denselben Strafen wird bestraft, wer einer fremden Macht, einem ausländischen oder unter ausländischer Kontrolle ste- henden Unternehmen, einer ausländischen oder unter ausländischer Kontrolle stehenden Organisation oder den jeweiligen Mittelsmän- nern die Mittel für die Begehung von Feindseligkeiten oder Angriffs- handlungen gegen Frankreich verschafft.«

23 République française, Rundschreiben des Innenministeriums (An die Generaldirektoren von Polizei, Gendarmerie, Innerer Sicherheit, Ausländer in Frankreich, Präfekten etc.): »Kampf gegen den Terroris- mus«, 19. Februar 2015. Gesetz Nr. 2014-1353 vom 13. November 2014 zur Verstärkung der Abwehrmaßnahmen im Kampf gegen den Ter- rorismus, in: *Journal Officiel* Nr. 0263, 14. November 2014, www.legif- rance.gouv.fr.

24 In Kanada tut man sich »schwer« damit, Verrat zu benennen, trotz der neuen drakonischen Sicherheitsgesetze: Nick Logan, »The trouble with charging Canadian ISIS fighters«, 12. Dezember 2014, www.oped. news.

25 Strafgesetzbuch (StGB) § 81 Hochverrat gegen den Bund, http://www. gesetze-im-internet.de/stgb/__81.html

26 République française, Assemblée nationale, *Rapport d'information dé- posé ... par la commission des lois constitutionnelles ... sur l'indignité nationale ...* par M. Jean-Jacques Urvoas, 25. März 2015, S. 22.

Kapitel IV

1 Imad Sitiou, »Morocco battles Islamic State cells«, in: *Al Monitor,* 6. Mai 2015, www.al-monitor.com.

2 Zitat aus dem Bericht »Strategy of islamic cultural action in the West«, Rabat, *ISESCO*, 2001, S. 70 – von einer Organisation, die als moderat betrachtet wird. Adrian Shtumi, »Ethnic Albanians foreign fighters in Iraq and Syria«, *CTC Sentinel*, 8/4, 30. April 2015, www.cts. usma.edu. Anonym, »Background of terrorist attacks in FYROM (Macedonia)«, www.liveleak.com, basiert auf: Vladimir Dukanvic, »канвас и учк на делу у македонији«, 10. Mai 2015, www.standard. rs. Joanna Paraszczuk, »Report finds alarming outflow of Kosovars to Islamic State«, *Radio Free Europe*, 15. April 2015, www.rferl.org.

3 The Clarion Project, »Islamic State fighters claim to be on streets of Rome«, 29. April 2015, www.clarionproject.org. Mahmoud Kilani, »Parquet de Milan: Le suspect était en Italie lors de l'attentat de Tunis«

(A. d. A.: Abdelmajid Touil war mit Flüchtlingen aufs Schiff gegangen), *Anadolu Agency*, 21. Mai 2015, www.aa.com.tr.

4 World News Radio, »ISIS evades Russian bans to spread pro-paganda on social media«, 19. Januar 2015, www.tunin.com. Joanna Paraszczuk, »Radicalized in Moscow, killed in Syria: The story of an IS sniper«, *Radio Free Europe*, 30. April 2015, und »Who's recruiting young men from Georgia to fight in Syria?«, *Radio Free Europe*, 13. April 2015, www.rferl.org.

5 »Hyderabad: 14 students planning to join Islamic State stopped at airport«, *Zee Media Bureau*, 6. Mai 2015, www.zeenews.india.com.

6 James Brandon, »Indonesian arrests underline influence of Islamic State«, in: *Terrorism Monitor,* 13/4, April 2015, S. 2–3, www.jamestown.org. »Singapore detains two ›self-radicalized‹ teens, one aimed to join Islamic State«, *Reuters*, 27. Mai 2015, www.reuters.com.

7 Die Landkarte des Kalifats auf Al Rakoba, 12. März 2015: www.alrakoba.net. Ebenso: Djordje Djukic und Evan Centanni, »War in Iraq: Map of Islamic State control in May 2015«, *Political Geography Now,* 22. Mai 2015, www.polgeonow.com (regelmäßig aktualisiert).

8 David Vergun, »More ground robots to serve alongside soldiers soon«, *The official homepage of the United States Army*, 8. April 2015, www.army.mil.

9 Das Material des Kalifats ist einigermaßen verfügbar auf: www.clarionproject.org, www.jihadology.net, www.archive.org und www.postedeveille.ca.

10 Gabriel Weimann, *New terrorism and new media*, Washington, D.C. 2014, www.wilsoncenter.org. Cristina Archetti, »Terrorism, communication and the New Media: Explaining radicalization in the digital age«, in: *Perspectives on Terrorism*, 9/1, 2015, S. 49–59.

11 Daniel Pipes (Präsident des Middle East Forum), »ISIS attacks on the West. The terror group's impact is more inspirational than ›organizational‹«, in: *The Washington Times*, 21. Mai 2015, www.washingtontimes.com.

12 American State Department, *Terrorist designation of Denis Cuspert,* 9. Februar 2015, www.state.gov. Dieser ehemalige deutsch-ghanaische Rapper soll Al-Hayat, das Medienzentrum des Kalifats, leiten. Siehe Soeren Kern, »Germany's ›Demagogue of Armed Jihad‹«, *Gatestone Institute*, 26. Mai 2015, www.gatestoneinstitute.org.

13 Die Zeitschrift, die das Kalifat zu diesem Themenfeld herausgibt, heißt *Kybernetiq,* die erste Ausgabe erschien im Dezember 2015, www.archive.org. Diese Zeitschrift ist eine exzellente Anleitung für einen subversiven Gebrauch des Internets.

14 *Stop-Djihadisme*, offizielles Video der französischen Regierung: www.
    stop-djihadisme.gouv.fr. Die Website zeigt auch ein Poster mit neun
    Piktogrammen, die helfen sollen, »Anzeichen« für eine Radikalisie-
    rung zu erkennen. Zum Beispiel wenn jemand französisches Essen
    verweigert (das Piktogramm zeigt ein durchgestrichenes Baguette).

15 Eine vor der Zeit des Kalifats erschienene englische Studie zählt als
    »Selbstrekrutierung« eine Liste von Handlungen auf, die tatsächlich
    der Ausdruck selbstgesteuerter Bewusstwerdung sind: Mehmood
    Naqshbandi, »Problems and practical solutions to tackle extremism;
    and Muslim youth and community issues«, *The Shrivenham Papers*,
    1, Shrivenham 2006, www.defenceacademy.mod.uk.

16 Zum Beispiel: »Der Islamische Staat vor Al-Malhamah« (Die Einwan-
    derer zum Land der Malāh'im), in: *Dabiq*, 3. April 2015, www.archive.
    org. Oder eine Rede des Kalifen, die in 13 Sprachen publiziert wurde,
    darunter auch auf Deutsch: »So wartet nur ab! Gewiss, Wir warten
    mit euch ab«, *Al-Hayat-Medienzentrale*, 2016, www.archive.org.

17 Dominic Casciani, »Islamic State: Profile of Mohammed Emwazi aka
    ›Jihadi John‹«, *BBC*, 8. März 2015, www.bbc.com.

18 Ashleen McGhee, »Islamic State: Australian-trained doctor Tareq
    Kamleh appears in IS propaganda video urging jihad in Syria«, *ABC*,
    26. April 2015, www.abc.net.au.

19 Auch das amerikanische Zentrum zur Terrorbekämpfung erlitt mit
    dem Video »Welcome to ISIS Land: Greg Miller and Scott Higham«
    eine ähnliche Enttäuschung und einen Rückschlag; »In a propaganda
    war against ISIS, the U.S. tried to play by the enemy's rules«, in: *The
    Washington Post*, 8. Mai 2015, www.washingtonpost.com.

20 Dominique Casciani, »Woolwich: How did Michael Adebolajo be-
    come a killer ?«, *BBC*, 19. Dezember 2013, www.bbc.com. Mary Anne
    Weaver, »Her Majesty's Jihadists«, in: *The New York Times*, 14. April
    2015, www.nytimes.com.

21 Zum Beispiel *From the battlefields of Syria*, zugänglich auf chechclear.
    tumblr.com.

22 Jake Bilardis Blog vom 13. Januar 2015 »Von Melbourne nach Ramadi:
    mein Werdegang«, wurde auf Google gesperrt (https://fromtheeyeso-
    famuhajir.wordpress.com/2015/01/13/from-mel- bourne-to-ramadi-
    my-journey/+&cd=2&hl=en&ct=clnk&gl=au), Auszüge sind aber
    hier lesbar: »Jake Bilardi: Blog believed to belong to Australian teen-
    ager details journey behind radicalisation«, *ABC*, 12. März 2015, www.
    abc.net.au; ähnlich auch sein Interview: Elize Potaka, Interview mit
    Jake Bilardi, *SBS News*, 12. März 2015 (durchgeführt auf Twitter im
    Dezember 2014), www.sbs.com.au.

23 Amarnath Amaringsham, »Elton ›Ibrahim‹ Simpson's path to jihad in Garland, Texas«, in: *War on the Rocks*, 14. Mai 2015, www.warontherocks.com.

24 »US military drops graphic leaflets near Syrian city to deter possible Islamic State recruits«, *Associated Press*, 26. März 2015, www.foxnews.com.

25 Max Weber, *Politik als Beruf*, Stuttgart 2012.

26 Gabriel Weimann, *New terrorism and new media*, Washington, D.C. 2014, www.wilsoncenter.org, und die quantitative und detaillierte Studie, die dem widerspricht, von J.-M. Berger und Jonathan Morgan, *The ISIS Twitter Census*, Washington, D.C., 2015, www.brookings.edu. Das Konto des Kalifats, das als Quelle diente, ist geschlossen: https://twitter.com/Muhammad_masry4.

27 Jytte Klausen, »Tweeting the Jihad: Social media networks of Western foreign fighters in Syria and Iraq«, in: *Studies in Conflict and Terrorism*, 38/1, 2015, S. 1–22.

28 Damien Leloup, »Paris, Bruxelles, Toulouse«: la radicalisation des terroristes n'a pas eu lieu sur le Web«, in: *Le Monde*, 12. Januar 2015, www.lemonde.fr. Damien Leloup, »Djihadisme sur le Web: les exagérations de Bernard Cazeneuve«, in: *Le Monde*, 20. Februar 2015, www.lemonde.fr.

29 Zum Beispiel das Projekt der bayerischen Staatsregierung »Salafismus präventiv bekämpfen«, www.br.de/nachrichten/netzwerk-salafismus-islamismus-100.html.

30 Zum Beispiel: S. A. Tatham, *Strategic Communication*, Shrivenham 2008. Im Augenblick gibt es wenig Informationen, wie diese Strategie in Frankreich durchgeführt wird: Laurent Lagneau, »Une unité militaire française chargée de contrer la propagande djihadiste sur Internet«, in: *Zone militaire*, 25. April 2015, www.opex360.com. Dagegen: Kyle Matthews, »Five ways to fight ISIS online«, in: *Conseil international du Canada/Open Canada*, 14. Februar 2015, www.opencanada.org und Peter D. Neumann und Tim Stevens, *Countering online radicalization. A strategy for action*, London 2009, www.icsr.info.

Kapitel V

1 Thukydides, *Der peloponnesische Krieg*, Stuttgart 2000, darin: Der Melierdialog.

2 Philippe-Joseph Salazar, »Strategic Communications: A new field for rhetoric«, in: *Tribune libre*, Nr. 33, Centre français de recherche sur le renseignement, 6. September 2013, www.cf2r.org.

3 Philippe-Joseph Salazar, *L'Hyperpolitique, une passion française*, Paris 2009.

4 *Das Gleiche gilt für euch, ihr Deutschen! Die schmutzige Merkel,* Schmähvideo von Abu Daud al-Almani (= aus Deutschland); siehe »Islamist droht in Terrorvideo Angela Merkel«, in: *Die Welt*, 15. Oktober 2014, www.welt.de.

5 Philippe-Joseph Salazar, *Amnistier l'apartheid*, Paris 2004.

6 Im September 2014 folgten mehr als 12 000 ausländische Kämpfer aus 81 Ländern dem Appell, darunter 3000 Europäer: Jeanine de Roy van Zuijdewijn, »The foreign fighters' threat«, in: *Perspectives on terrorism*, 8/5, 2014, S. 59–73. Anonym, »Les ›Foreign Fighters‹ étudiés«, in: *TTU-Lettre hebdomadaire d'informations stratégiques*, 972, 8. April 2015, S. 1 und 6. Im April 2015 stieg die Zahl auf 20 000, darunter 6000 Europäer, hatte sich also innerhalb von sechs Monaten verdoppelt, siehe in: *TTU-Lettre hebdomadaire d'informations stratégiques*, 973, 15. April 2015, S. 2.

7 *Dâr al-Islâm*, 2. Januar 2015, S. 4. A. d. A.: Ich habe »Allah« durch »Herr« und »Irrglauben« durch »Mangel an Glauben« ersetzt, damit die Ähnlichkeit der Rede besser sichtbar wird.

8 Die Himmelfahrt hat im Islam eine andere Bedeutung als im Christentum: Jesus, Isa, wurde nicht gekreuzigt und wird zum Endkampf gegen Satan zurückkehren.

9 Botschaft des Kalifen, »Stürzt euch in den Kampf – mit leichten oder schweren Waffen« (Tonaufnahme vom 14. Mai), 15. Mai 2015, auf der türkischen dschihadistischen Website www.takvahaber.net.

10 Dazu gehört auch der Appell des Kalifats zur Rekrutierung im Bezirk Aleppo: »Que notre sang soit notre richesse«, 27. April 2015 (Archiv des Combating Terrorism Centre at West Point, www.ctc.usma.edu).

11 Jérôme Fourquet, Ifop-Umfrage zu den republikanischen Werten sowie die Analyse von Vincent Tournier, op. cit.

Kapitel VI

1 Jesse Singal, »Why ISIS is so terrifyingly effective at seducing new recruits«, in: *Science of US*, 18. August 2014, www.nymag.com.

2 Al-Quaida betreffend: Nicholas J. O'Shaugnessy und Paul R. Baines, »Selling terror: The symbolisation and positioning of Jihad«, in: *Marketing Theory*, 9/2, 2009, S. 227–241.

3 Erinnern wir uns: *Dabiq* (auf Englisch zugänglich auf www.clarion-project.org); *Dabiq* und ISN News (auf Deutsch zugänglich unter https://baqiyya.files.wordpress.com/2016/04/dabiq-12-deutsche-ausgabe.jpg); *Dâr al-Islâm* (auf Französisch, Internetzugang vom

Zufall abhängig). Von nun an unter dem Vorbehalt gesetzlicher Zensur.

4 Das bereits erwähnte Clarion Project, www.clarionproject.org.

5 Vigipirate (öffentlicher Teil), französischer Premierminister/ SGDSN, 17. Januar 2014, www.sgdsn.gouv.fr, sowie das neue Geheimdienstgesetz (Mai 2015), das das Gesetz vom November 2014 verschärft und verschärfte Überwachung und Zensur einführt (Sperren von Websites; alle Einzelheiten und die Sprachregelungen der Regierung auf www.stop-djihadisme.gouv.fr). Ebenso www.defense.gouv.fr/operations, denn von nun an steht die Armee einsatzbereit auf französischem Staatsgebiet fast wie zu Kriegszeiten, bei Belagerungen, im Notfall oder im Fall »äußerster Wachsamkeit« (das letzte scheint auf die jetzige Situation zuzutreffen: *Code de la défense*, article L2141-1).

6 Maha Hamdan, »Voices of reason fight to be heard in IS online propaganda war«, 22. Februar 2015, https://www.linkedin.com/pulse/voices-reason-fight-heard-online-propaganda-war-maha-hamdan.

7 Grausame Videos sind zu sehen auf www.liveleak.com und www.bestgore.com; zwei davon auch in meinem Online-Artikel www.les-influences.fr/Defense-de-regarder-on-egorge.html.

8 *Khilafalive.info* sendet anscheinend seit Januar 2015: Adam Withnall, »Isis to launch first 24-hour online TV channel featuring British hostage John Cantlie and flagship show ›Time to recruit‹«, in: *The Independent*, 11. Mai 2015, www.independent.co.uk. Von Lybien aus sendet außerdem der Satellitenfernsehkanal *Tawheed*.

9 »Islamic State launches English-language radio bulletins«, *Associated Press*, 7. April 2015, www.publicopiniononline.com. *Radio fm Al-Bayan* sendet in Mossul mit regionalen Sendemasten.

10 Angi English, »The social influence of ISIS beheadings«, Homeland Security, 24. September 2014, www.medium.com.

11 »Behind the scenes – ISIS beheadings video«, www.liveleak.com.

12 www.bestgore.com kombiniert Hardcore-Sex und Gewalt.

13 Dounia Bouzar, Christophe Caupene und Sulayman Valsan, *La Métamorphose opérée chez le jeune par les nouveaux discours terroristes*, CPDSI, 2014.

14 Amarnath Amaringsham, »Elton ›Ibrahim‹ Simpson's path to jihad in Garland, Texas«, op. cit.

15 Autorenkollektiv, *Les musulmans francophones, la compréhension, la terminologie, le discours*, Lyon 2001, S. 97–103. Ebenso: Tariq Ramadan, *Islam et Occident, Références et Valeurs*, Lyon (zwei in Abidjan, Elfenbeinküste aufgenommene Audiokassetten) o. J.

16 Autorenkollektiv, *Strategy of islamic cultural action in the West*, op. cit.

17 Zum Beispiel ein Video von Abu Muslim aus Canada (»Ich bin Abū Muslim, euer Bruder im Islam, hier in Syrien. Ich komme aus Kanada« usw.), mit dem Titel »Al-Ghuraba. The Chosen Few of Different Lands«, Juli 2014, www.archive.org

18 A. d. A.: konvertiert/gehorsam.

19 Strophe nach der englischen Version »We have come as soldiers of God«, zugänglich auf www.aymenjawad.org (Quelle: Ajnad Media). Falls die Website blockiert ist, kann man unter dem englischen Titel des Nachid auf www.archive.org suchen.

20 Zakaria Makri und Le Tajwîd, *Règles de la lecture coranique*, op. cit.

21 Im Gegensatz zu Marcel Gauchet, *Le Désenchantement du monde. Une histoire politique de la religion*, Paris 1985.

Kapitel VII

1 Debra Zedalis, *Female suicide bombers*, Strategic Studies Institute, U.S. Army War College, 2004, www.strategicstudiesinstitute.army.mil.

2 Hanna James, »Female recruits to ISIS: The recruiter's veil«, in: *Global News*, 15. März 2015, www.globalnews.ca.

3 Géraldine Mossière, *Des femmes converties à l'islam en France et au Québec: religiosités d'un nouveau genre*, Promotionsarbeit, Université de Montréal, 2009.

4 Blandine Le Cain, »Ligne ›anti-djihad‹: près de la moitié des appels concernent des femmes«, in: *Le Figaro*, 9. Juli 2014, www.lefigaro.fr.

5 Soeren Kern, »Britain's female jihadists«, *Gatestone Institute*, 21. September 2014, www.gatestoneinstitute.org.

6 Manveen Rana, »Asian girls ›also victims of sex grooming‹«, *BBC News*, 28. Oktober 2014, http://www.bbc.com/news/uk-29794729.

7 Ellie Hall, »Gone girl: An interview with an American in ISIS«, *BuzzFeed News*, 18. April 2015, www.buzzfeed.com. Martin Swant, »Family Spokesman: Alabama woman leaves to join ISIS in Syria«, *Yahoo News*, 20. April 2015, www.news.yahoo.com.

8 Julia Hoppemann, »Zum Islam konvertierte Christin«, in: *Stern*, 10. April 2015, www.stern.de.

9 Marie-Estelle Pech, »En France, plus de femmes que d'hommes partent faire le djihad«, in: *Le Figaro*, 15. April 2015, www.lefigaro.fr. Im März 2015 waren es 136 Frauen und 125 Männer.

10 Houria Alami M'Chichi, *Genre et politique au Maroc*, Paris 2002.

11 Stéphanie Latte Abdallah, »Les féminismes islamiques au tournant du

XXIᵉ siècle«, in: *Revue des mondes musulmans et de la Méditerranée*, 28, 2010, zugänglich auf http://remmm.revues.org/6822.

12 Charlie Winter, »Women of the Islamic State. A manifesto on woman by the Al-Khanssaa Brigade«, in: *Quilliam*, 2015, www.quilliamfoundation.org.

13 *Dabiq* 8, 2015, www.clarionproject.org.

14 Bilal Philips, *Le Retour à dieu, la notion de repentir en islam*, op. cit.

15 Jean Chélini und Henry Branthomme, *Histoire des pèlerinages non chrétiens*, Paris 1987.

16 *Dâr al-Islâm* 2, Januar 2015, S. 11.

17 *Strategy of islamic cultural action in the West*, op. cit., Publikation der Islamischen Organisation für Bildung, Wissenschaft und Kultur (ISESCO).

18 Ebd., S. 57.

19 Brenda Stoter, »Radicalized Western mothers lead children into Islamic State«, in: *Al Monitor*, 13. April 2015, www.al-monitor.com.

20 Generell zum Thema der Hidschra siehe: »Die Hig'rah von der Heuchelei zur Aufrichtigkeit«, in: *Dabiq* 3, Al-Hayat-Medienzentrum, Juni 2015, www.archive.org.

21 Joanna Paraszczuk, »More than 330 Kyrgyz said to be fighting alongside IS in Syria, Iraq«, *Radio Free Europe*, 21. April 2015, www.rferl.org. Zahava Moerdler, »Women and ISIS: debunking the myth of gender and violence«, *Rights Wire*, 24. März 2015, www.rightswire-blog.org.

22 Das Gedicht, auf das hier angespielt wird, findet sich in: al-Quds al-Arabi, 14. Oktober 2014, und – zusammen mit einer detaillierten biographischen Analyse unter dem Titel »Ahlam al-Nasr: Islamic State's Jihadist Poetess«, in: *Militant Leadership Monitor*, VI/6, Juni 2015, w.ww.jamestown.org. Siehe auch den Artikel von Dominik Schreiber, »Am Sonntag ehelichte der Prediger Mohamed Mahmoud die ›Dichterin des Islamischen Staates‹«, in: *Kurier*, 14. Oktober 2014, www. kurier.at.

Kapitel VIII

1 Es soll vor Ort 3000 amerikanische »Berater« geben.

2 Video abrufbar auf www.bestgore.com.

3 Ebd. Reid Standish, »Kazakh child soldier executes ›Russian spies‹ in Islamic State video«, in: *Foreign Policy*, 13. Januar 2015, www.foreignpolicy.com.

4 *Blogspot Erasmus Monitor* (http://erasmus-monitor.blogspot.de) und das gleichnamige Twitter-Konto (https://twitter.com/Erasmus_Mo-

nitor) liefern biographische Details über deutsche Dschihadisten. Das Video wird zitiert in »Getöteter ISIS-Kämpfer Usman A. alias Abu Jandal al-Almani: ›Baue eine Bombe in Mamas Küche‹«, *Erasmus Monitor*, 7. Februar 2015.

5 Siehe Farhad Khosrokhavar, *Radikalisierung*, Hamburg 2016, und »Dimension und Szenarien des islamistischen Terrorismus in Deutschland und Europa«, 2. Mai 2016, www.verfassungsschutz.de.

6 Oder OSINT. Siehe Steveyn D. Gibson, *Open source intelligence: A contemporary intelligence lifeline,* Dissertation, Defence College of management and technology, Cranfield University, 2007.

7 »Wege in den Djihad: Todenhöfer traf deutschen ISIS-Kämpfer Christian Emde«, *Erasmus Monitor,* 24. Dezember 2014 (mit einem Videointerview von Emde und Baum); und »›Dabiq‹-Magazin: Porträt eines deutschen IS-Kämpfers«, *Erasmus Monitor,* 9. September 2015, Erasmus-monitor.blogspot.de.

8 Christina Spens, »The theatre of cruelty: Dehumanization, objectification & Abu Ghraib«, in: *Journal of Terrorism Research*, 5/3, 2014, S. 49–69.

9 Hamil Al-Bushra, *Les Loups solitaires ou les Lions de la ville,* 2015. Dieser wichtige aus dem Arabischen ins Französische übersetzte Text lässt sich auf www.histoireebook.com herunterladen.

10 »Central Command Twitter account apparently hacked by CyberCaliphate«, *RT*, 13. Januar 2015, www.rt.com. Twitter, Hashtag #Cyber-Caliphate.

11 Zum Beispiel American State Department, *Designations of Foreign Terrorist Fighters,* 24. September 2014, www.state.gov.

12 Evan Bleier, »›Behead them in their own homes‹: ISIS publishes ›kill list‹ online of names«, *Mail Online*, 22. März 2015, www.dailymail.co.uk.

13 Der Begriff wurde von James Der Derian in seinem grundlegenden Artikel »Virtuous war/Virtual theory« entwickelt, in: *International Affairs*, 76/4, 2000. Vom selben Autor: »Die Banalität des Terrors und die Virtuelle Welt des Krieges«, in: Tanja Thomas und Fabian Virchow (Hg.), *Banal Militarism: Zur Veralltäglichung des Militärischen im Zivilen*, Bielefeld 2014, S. 151–170. Über die Unmöglichkeit, den Begriff ins Deutsche zu übersetzen, siehe die Anmerkung des Übersetzers, S. 156, Anm. 2.

14 Richard Nortob-Taylor, »Scale of UK attacks on Islamic State in Iraq revealed«, in: *The Guardian*, 11. Mai 2015, www.theguardian.com (6000 Treffer, 200 Bomben und Raketen).

15 Diane Maye, »We know how to strike, but can we achieve victory? A

primer on the American way of war in the 20th & 21st centuries«, in: *International Relations and Security Network Digital Library*, 25. Mai 2015, www.isn.ethz.ch.

16 Thomas E. Ricks, *Fiasco. The American military adventure in Iraq*, London, Allen Lane, 2009. Daren Bowyer, *Just war doctrine: Relevance and challenges in the 21st century*, Dissertation, Cranfield University, 2008.

17 James Der Derian, »Virtuous war/Virtual theory«, in: *International Affairs*, 76/4, 2000, S. 771–788.

18 Missy Ryan, »Gen. Dempsey's first fight in Iraq shapes his approach to Islamic State«, in: *The Washington Post*, 25. Mai 2015, www.washingtonpost.com. Julian Pecquet, »Congress debates greater US role in Iraq«, in: *Al Monitor*, 21. Mai 2015, www.al-monitor.com.

19 In Afghanistan gab es 10548 zivile Opfer, davon wurden, in einer jährlichen Steigerung von 25 %, 3699 im Jahr 2014 getötet. Bericht der Unterstützungsmission der Vereinten Nationen in Afghanistan, Februar 2015, www.un.org.

Kapitel IX

1 Oft ist die Rede davon, welche Rolle der ehemalige Berliner Rapper Denis Cuspert alias Abu Talha al-Almani in der medialen Repräsentation des Kalifats spielt: Hier geht die simulierte Gewalt des Rap in die reale Gewalt der Porno-Politik über. Der Begriff »Porno-Politik« stammt von Yves Michaud (*Violence et politique*, Paris 1978).

2 Hélène Lavoix, »The Islamic State psyops« (3 Artikel), The Red (Team) Analysis Society, 9. Februar, 23. u. 30. März 2015, www.redanalysis.org.

3 Henri Hubert und Marcel Mauss, *Essai sur la nature et la fonction du sacrifice*, in: Marcel Mauss, *Œuvres*, I, Paris 1968, S. 193–307.

4 Daniel Sibony, *Le Groupe inconscient. Le lien et la peur*, Paris 1980.

5 Wie von Papst Benedikt XVI. in einem Motu proprio beschrieben: »Zur Förderung der Neuevangelisierung«, 21. September 2010, w2.vatican.va.

6 *Haunted memories: The Islamic Republic's executions of Kurds in 1979*, New Haven, Iran Human Rights Documentation Center, 2011, www.iranhrdc.org.

7 Georges Dumézil, *Idées romaines*, Paris 1969. *Aspekte der Kriegerfunktion bei den Indogermanen*, Darmstadt 1964.

8 Vilfredo Pareto, *Allgemeine Soziologie*, München 2006.

9 Philippe-Joseph Salazar, *L'Hyperpolitique*, op. cit.

10 James Foleys Rede wurde in *Dabiq* publiziert (3. August 2014, S. 39, mit einem Foto, das ihn nachdenklich zeigt).

11 Video vom 19. April 2015: *[Die Christen werden bestraft] Bis sie die Notwendigkeit [der Umkehr] einsehen.* Auf www.bestgore.com, op. cit.

12 Michel Foucault, *Überwachen und Strafen,* Frankfurt/Main 2014.

13 Abderrahmane Moussaoui, »La politique de l'injure. Une décennie meurtrière en Algérie«, in: *Revue des mondes musulmans et de la Méditerranée,* 103–104, 2004, S. 165–179.

14 Getreu der Analyse des materialistischen Philosophen Jean-Claude Milner, »La protection des populations et les limites du compassionnel«, in: *Marianne,* 10. Februar 2015, www.marianne.net.

15 Sarah Dutton et al., »How Americans are feeling about the fight against ISIS«, *CBS News,* 19. Februar 2015, www.cbsnews.com.

Kapitel X

1 Formulierung von Jürgen Habermas in einem Interview mit *Le Monde,* nachdem die französische Regierung beschlossen hatte, den Ausnahmezustand auszurufen: Jürgen Habermas, »Le djihadisme, une forme moderne de réaction au déracinement«, in: *Le Monde,* 21. November 2015, www.lemonde.fr.

2 Jenell Johnson, »The limits of persuasion: Rhetoric and resistance in the last battle of the Korean War«, in: *Quarterly Journal of Speech,* 100/3, 2014, S. 323–347.

3 Petra Ramsauer, *Die Dschihad-Generation,* Wien 2015.

4 In den fünfziger Jahren bedienen sich die Diskussionen über Gehirnwäsche und Lobotomie der gleichen Rhetorik: Jenell Johnson, *American lobotomy. A rhetorical history,* Ann Arbor 2014.

5 Thomson Reuters, 7. Dezember 2013, APALERTTERROR; 22:04:44 à 4l'/-4556733/5.

6 Gehirnwäsche als falsche Erklärung: Sam Webb, »Jihadi Jake dead« (Bildunterschrift: »Brainwashed«), in: *The Mirror,* 12. März 2015, www.themirror.co.uk. Billige medizinische Erklärung, Jihadi John habe sich den Kopf gestoßen: Anthony Bond, »Mohammed Emwazi: Jihadi John ›not the same again‹ after bumping his head during primary school fight« (Jihadi John sei nicht mehr er selbst gewesen, nachdem er sich bei einer Schlägerei in der Schule den Kopf gestoßen hatte), in: *The Mirror,* 27. Februar 2015, www.themirror.co.uk.

7 Michel Foucault, *Wahnsinn und Gesellschaft,* Frankfurt/Main 1995 und *Überwachen und Strafen,* op. cit.

8 Jean Genet, *Wunder der Rose,* Hamburg 2000. Oder Foucault, *Überwachen und Strafen,* op. cit.

9 Paul Crozer, Asma Kaaniche und Jan Lienard, »Nouvelle gouvernance à l'hôpital: recomposition de l'organisation et gestion des res-

sources humaines«, in: *Politiques et management public,* 26/2, 2008, S. 31–52, www.pmp.revues.org.

10 Arun Kundnani, »Radicalisation: the journey of a concept«, in: *Race & Class,* 54/2, 2012, S. 3–25.

11 Orlando Croxcroft, »Why are so many young British Muslims joining Islamic State in Iraq and Syria?«, in: *International Business Times,* 9. April 2015, www.ibtimes.co.uk. Christa Roth, »Warum werden junge Deutsche zu Dschihadisten?«, *Web.de,* 8. 12. 2014, www.web.de.

12 Zum Beispiel »Beratungsstelle Radikalisierung des Bundesamtes für Migration und Flüchtlinge«, Bundesamt für Verfassungsschutz, www.verfassungsschutz.de. Nick Logan, »Should Canada try a Danish plan to deal with radicals returning from Syria?«, *Global News,* 21. Oktober 2014, www.globalnews.ca. Eugénie Bastié et al., »Un an après son lancement, bilan positif pour le numéro vert antidjihad«, in: *Le Figaro,* 29. April 2015, www.lefigaro.fr.

13 Clark McCauley und Sophia Moskalenko, »Mechanisms of political radicalization: Pathways toward terrorism«, in: *Terrorism and Political Violence,* 20/3, 2008, S. 415–433.

14 Anonym, »Glossaire.DDE: le déterminisme-narrativiste«, 26. Februar 2015, www.dedefensa.org. Thomas E. Ricks, »Some thoughts on how to change the narrative on violent Islamic extremism«, in: *Foreign Policy,* 29. Januar 2015, www.foreignpolicy.com. Charlie Winters *The Virtual Caliphate* geht fälschlicherweise davon aus, dass alles Narrativ sei (London, Quilliam Foundation, Juli 2015, www.quilliamfoundation.org).

15 Bilal Philips, *Le Retour à dieu. La notion de repentir en islam,* op. cit. (englische Übersetzung, *Salvation Through Repentance (An Islamic View),* IIPH, 1996): Philips, ein salafistischer Theologe, wurde vom Kalifat als Abtrünniger verdammt, aber seine Analyse der »Umkehr zu Gott« (*tawba*) ist sehr erhellend.

16 Amanda Giles, *Spiritual Intelligence,* Defence Academy of the United Kingdom, 2012, www.da.mod.uk.

17 Die Studien über Islamophobie entwickeln sich vor allem an amerikanischen Universitäten: Cinnamon Stillwell und Rima Greene, »Legitimizing Censorship: ›Islamophobia Studies‹ at Berkeley«, *Jihad Watch,* 23. Mai 2015, www.jihadwatch.org.

18 Philippe-Joseph Salazar, »L'héroïsme de Djokhar Tsarnaev?«, in: *Les Influences,* 22. April 2013, www.lesinfluences.fr. James Dowling, Angus Thompson und Tom Ninear, »Jake Bilardi wrote of terror and death in his online blog« und Amarnath Amaringsham, »Elton ›Ibrahim‹ Simpson's path to jihad in Garland, Texas«, op. cit.

19 Al Ghazali, *La Balance juste*, hg. von Victor Chelhot, Paris 1998, S. 166 (*al-Qisās al-mustaqīm*, Die gerechte Balance).

20 Dazu der Bericht von Mohamed Louizi, *Collège-Lycée Averroès de l'UOIF: l'arbre qui cache la forêt*, 2015, http://injonction.metaprojet. net.

21 Zu diesen zwei Logiken des Sozialmanagements siehe Ernesto Laclau, »Populism: What's in a name?«, S. 32–49, in: Francisco Panizza (Hg.), *Populism and the mirror of democracy*, London 2005.

22 Der französische Präsident Hollande, zitiert in: *Le Monde*, »Comment le gouvernement compte lutter contre le djihad«, 22. April 2014, www.lemonde.fr.

23 Die Idee lässt sich auf einen Bericht der UNESCO über die Radikalisierung junger Menschen durch Gewalt zurückführen, »The Manama Findings«, UNESCO, Juni 2008.

24 Jean-Paul Sartre, *Kritik der dialektischen Vernunft*, Bd. 1, Reinbek 1967.

Kapitel XI

1 Jethro Mullen, »Beheading of American journalist James Foley recalls past horrors«, *CNN*, 20. August 2014, www.edition.cnn.com.

2 Bill Nichols, »Video shows beheading of American captive«, in: *USA Today*, 5. November 2004, www.usatoday.com.

3 Viele solcher Videos finden sich unter www.liveleak.com.

4 Adam Taylor und Sarah Kaplan, »Why did victims in Islamic State beheading video look so calm?«, in: *The Washington Post*, 11. März 2015, www.washingtonpost.com.

5 Michel Foucault, *Die Ordnung des Diskurses*, Frankfurt/Main 1993.

6 Philippe-Joseph Salazar, *L'Art de parler. Anthologie de manuels d'éloquence*, Paris 2003.

7 In meinem Buch *Art de parler*, op. cit., Abschnitt 41.

8 Colleen Derkatch und Judy Z. Segal, »Realms of rhetoric in health and medicine«, in: *Philosophy and Medicine*, 82/2, 2005, S. 138–142.

9 Regelmäßig aktualisiert durch *Political Geography Now*, www.polgeonow.com.

10 Johannes Damascenus, *Schriften zum Islam*, Würzburg 1995.

Kapitel XII

1 Michel Onfray, »Réflexions sur le peuple«, in: *C@hiers de psychologie sociale*, 26, 2015, http://lodel.irevues.inist.fr/cahierspsychologiepolitique.

2 Siehe den Bericht *Foreign Fighters. An Updated Assessment of the flow of Foreign Fighters into Syria and Iraq*, New York, The Soufan Group,

Dezember 2015, www.soufangroup.com (wird regelmäßig aktualisiert).

3 Siehe Ernesto Laclau, op. cit., sowie *La Raison populiste,* Paris 2008. Bedauerlicherweise wurde dieses große Buch über die »populistische Vernunft« noch nicht ins Deutsche übersetzt.

4 Die *New York Times* erläutert die Debatte für die angelsächsische Öffentlichkeit, die von der deutschen Besonderheit nichts weiß: Anna Sauerbrey, »What is German«, in: *New York Times,* 26. Mai 2016, www.nytimes.com.

5 *Dâr al-Islâm,* 2. Januar 2015, S. 4.

6 Ebd., S. 2.

7 Auszug aus Jake Bilardis Blog »Von Melbourne nach Ramadi: meine Reise«, op. cit. http://www.abc.net.au.

8 Averroës, *Die entscheidende Abhandlung,* op. cit., S. 19.

9 *Dâr al-Islâm,* 2. Januar 2015, S. 4.

10 *Dabiq,* 7. Januar 2015.

11 Nach der Formulierung von Maurice Blanchot, »Le terrorisme, méthode de salut public«, in: *Combat,* 7, 1936, S. 106 (Neuabdruck in *Gramma,* 5, 1976, S. 61–63). Blanchot begann als faschistischer Materialist und wurde dann zu einem wichtigen Denker der französischen Avantgarde von Foucault bis Derrida.

12 Elliot Friedland, »Does ISIS operate in the U.S. and Europe? We analyze Islamic State's modus operandi in the West«, *The Clarion Project,* 10. Mai 2015, www.clarionproject.org. Und »IS says it was behind US Prophet cartoon attack«, *BBC,* 5. Mai 2015, www.bbc.com.

13 *Dabiq,* 10, 14. Juli 2015, S. 3, www.azelin.files.wordpress.com; *Islam Devleti ... Seresi 1,* www.archive.org; Air Products, *Annual Report 2014,* www.airproducts.com.

14 Außerhalb der politischen Sichtweise dieses Autors, aber für eine vollständige Beschreibung der möglichen konstituierenden Elemente dieses »anderen Volkes« siehe den regelmäßig aktualisierten Bericht von Soeren Kern, »The Islamization of Germany 2015«, 10. Januar 2016, *Gatestone Institute,* www.gatestoneinstitute.org.

Kapitel XIII

1 Carl Schmitt, *Theorie des Partisanen,* Berlin 1963.

2 Roger Trinquier, *La Guerre moderne,* Paris, La Table Ronde, 1961 (hinzugezogene Ausgabe: U.S. Army Command, Combat Studies Institute, 1985); David Galula, *Counterinsurgency Warfare,* London 1994; NATO, *Allied Joint Doctrine for Counterinsurgency,* AJP-3.4.4, 2011.

3 Dieser und die nächsten Untertitel sind Zitate aus der *Theorie des Partisanen,* op. cit.

4 Brian Dodwell, »The Paris attack: A campaign and its goals«, *CTC Sentinel,* 8/1, Januar 2015, www.ctc.usma.edu.

5 Wie im Fall des marokkanischen Dschihadisten Touil: Mahmoud Kilani, »Parquet de Milan: le suspect était en Italie lors de l'attentat de Tunis«, op. cit.

6 Anonym, »ISIS supporter threatens wave of terror attacks in major Western cities, offers operational advice to ›lone wolves‹«, *MEMRI's Jihad and Terrorism Monitor,* 22. Januar 2015, www.memrijttm.org.

7 Gabriel Wermann, »Lone wolves in cyberspace«, in: *Journal of Terrorism Research,* 3/2, 2012, S. 75–90.

8 In Frankreich: Patrice Fluckiger, »Terrorisme. Après l'attaque vendredi d'un jeune militaire«, in: *Le Journal de Saône-et Loire,* 30. Mai 2013, www.lejsl.com. Bruno Huet, »Un soldat du 3e RPIM menacé de mort«, in: *La Dépêche,* 10. Januar 2015, www.ladepeche.fr. Jamey Keaten, »Trois soldats français attaqués au couteau«, *MSN Actualités,* 3. Februar 2015,www.msn.com.

9 Audrey Kurth Cronin, »ISIS is not a terrorist group. Why counterterrorism won't stop the latest jihadist threat«, *Foreign Affairs,* März-April 2015, www.foreignaffairs.com.

10 Zum Beispiel der französische *Code de la défense,* article L4111-1: »Der Kriegszustand erfordert unter allen Umständen Opfergeist, der bis zum höchsten Opfer gehen kann, Disziplin, Verfügbarkeit, Loyalität und Neutralität.« www.codes-et-lois.fr.

11 Lorenzo Vidino, »Sharia4: From confrontational activism to militancy«, in: *Perspectives on Terrorism,* 9/2, 2015, S. 2–16.

12 Ghaffar Hussein und Erin Marie Saltman, *Jihad Trending: A comprehensive analysis of online extremism and how to counter it,* London 2014, www.quilliamfoundation.org.

13 *How to survive in the West. A mujahid guide,* op. cit.

14 Christoph Reuter, »Secret files reveal the structure of Islamic State«, *Spiegel Online,* 18. April 2015, www.spiegel.de.

15 Anonym, »Au cœur du ›service action‹ de Daech«, *Intelligence online,* no. 747, 18. November 2015, S. 2.

16 Attentat von Boston 2013, zum Tode verurteilt im Mai 2015.

17 Soeren Ker, »Islamic State supporters in Europe fan out, plan attacks«, *The Clarion Project,* 25. Mai 2015, www.clarionproject.org (regelmäßig aktualisiert).

18 Owen Frazer und Christian Nünlist, *Countering Violent Extremism in der Terrorismusbekämpfung,* CSS Analysen zur Sicherheitspolitik

Nr. 183, Zürich, ETH Center for Security Studies, Dezember 2015, www.css.ethz.ch.

19 Carl von Clausewitz, *Vom Kriege,* Hamburg 2008.

20 *Исток*, 1. Juni 2014.

21 *Konstantiniyye*, 1. Juni 2015.

22 »Stratégies irrégulières«, *Stratégique*, 93–96, 2009, www.stratisc.org.

23 »Der Islamische Staat ist ein unvergleichlicher Feind«, in: Hannah Allam, »In reversal, U.S. offcial admits Iraq troops reeling from Islamic State offensive«, *McClatchy DC*, 20. Mai 2015, www.mcclatchydc. com.

24 Alexandre Mello und Michael Knights, »The cult of the offensive: The Islamic State on defense«, *CTC Sentinel*, 30. April 2015, www.ctc.usma. edu.

25 Das ist die »Petraeus-Doktrin«; siehe die Dissertation von Luke McCorkel, »The Development and application of the ›Petraeus Doctrine‹ during the 2007 Iraq troop ›Surge‹«, London, University College, 2012, zugänglich unter http://openscholarship.wustl.edu/etd/800. Brian Downing, »The surge in Afghanistan«, *The Agonist*, 1. Juni 2009, www.agonist.org.

26 James Rosen, »Ramadi joins lenghtening list of Pentagon misstatements on Iraq«, in: *McClatchy DC*, 18. Mai 2015, www.mcclatchydc. com.

27 Urteil eines *Green Beret* in Mitchell Prothero, »Video of Islamic State capabilities impresses military experts«, in: *McClatchy DC*, 20. April 2015, www.mcclatchydc.com. Gilles Munier, »Daech sera la première puissance militaire non-étatique opérationnelle au Maghreb en 2016«, *Strategika51*, 9. März 2015. www.strategika51.wordpress.com. Laurent Touchard, *Organisation et méthodes de combat de l'État islamique,* Mai 2015, http://conops-mil.blogspot.fr/2015/05/revue-de-details-organisation-tactique.html.

28 »Adversaire proto-étatique d'un genre nouveau«, Bericht von einer Anhörung des französischen Generals Christophe Gomart, Leiter des Militärischen Nachrichtendienstes, vor dem Senat am 6. April 2015, www.senat.fr. Kein Senator sprach das Thema an bis auf den Präsidenten der Kommission, M. J.-P. Raffarin; seine abschließende Bemerkung: »Man könnte Daesh wahrscheinlich einen ganzen Vormittag widmen, dieser Organisation, die inzwischen fast einem Staat ähnelt!«

29 Aymenn Jawad al-Tamin und Graeme Wood, »What ISIS really wants«, *The Atlantic*, März 2015, www.theatlantic.com.

30 Sonia Le Gouriellec, *La Menace stratégique des États faibles. Quand*

les faits relativisent la théorie, IRSEM, Note de recherche stratégique no. 18, April 2015.

31 Abu Rumaysah al Britani, *A brief guide to the Islamic State* (2015), Mai 2015. Ein Anzeichen für Staatsbildung ist die Fähigkeit des Kalifats, sich selbst zu verwalten: Aymenn Jawad Al-Tamini, *Archive of Islamic State Administrative Documents,* www.aymennjawad.org und »Research on the Islamic State«, *Middle East Forum,* 16.–31. März 2015, www.meforum.org. Carla E. Humud et al., *Islamic State financing and U.S. policy approaches,* Congressional Research Service, 10. April 2015, www.crs.gov. Siehe ebenfalls die Selbstdarstellungen der medizinischen Dienste oder Health Diwan in *Dabiq,* 9. Mai 2015, S. 24–26.

32 Jessica Lewis McFate, *The ISIS defense in Iraq and Syria: Countering and adaptive enemy,* Kapitel »Hybridized warfare«, S. 17–18, Washington, D.C., Institute for the Study of War, Mai 2015, www.understandingwar.org.

33 Daren Bowyer, *Just war doctrine: Relevance and challenges in the 21st century,* Kapitel 4: »Issues of Jus in Bello«, Dissertation, Cranfield University, 2008.

34 Alain Barluet, »Défense: ›Le territoire national devient une priorité stratégique‹«, in: *Le Figaro,* Video von Figaro TV, 30. April 2015, www.lefigaro.fr.

35 Anonym, »Armée de terre française: retour sur le territoire«, in: *TTU Monde Arabe. Lettre hebdomadaire d'informations stratégiques,* Nr. 863, 12. Mai 2015, S. 6.

36 Elliot Friedland, »Does ISIS operate in the U.S. and Europe? We analyze Islamic State's modus operandi in the West«, und *BBC,* »IS says it was behind US Prophet cartoon attack«, op. cit.

37 Zu dieser schwierigen Frage siehe Abu A'la Mawdudi, *Human Rights in Islam,* Lahore 1995.

38 Jean-François Lyotard, *Der Widerstreit.* Paderborn 1989.

Epilog

1 Das anglorussische »große Spiel« im 19. Jahrhundert um den Besitz Zentralasiens. Daraus ging unter anderem der Staat Afghanistan hervor, mit allen fatalen Folgen.

2 Manuel Bewarder, »Balkan wird zum Einfallstor für IS-Terrormiliz«, in: *Die Welt,* 7. Juni 2015, www.welt.de. Ebi Spahiu, »Militant Islamists, organized crime and the Balkan diaspora in Europe«, *Terrorism Monitor,* 13/23, 2. Dezember 2015, www.jamestown.org. Seit Januar 2016 erscheint die Zeitschrift *Dabiq* auch auf Bosnisch.

3 Die *Washington Post* veröffentlichte umgehend einen Text, offenbar aus dem Arabischen übersetzt, der sich von der französischen Version unterscheidet (siehe mein Artikel »La manipulation rhétorique«, in: *Le Point*, Nr. 2254, 19. November 2015, S. 134 f., www.lepoint.fr.

4 Kevin Poireault, »Qui est Fabien Clain, la ›voix‹ de Daesh?«, *Les Inrocks*, 18. November 2015, www.lesinrocks.fr.

5 *Dabiq* 12, 20. November 2015, S. 25–28, www.clarionproject.org.

6 Über die »Methode des islamischen Widerstands« siehe Umar abd al-Hakim (al-Shaykh Abu Mus'ab al-Souri), *The Call for a global Islamic Resistance*, zweiter Teil: »The Call, Program and Method« (Der Aufruf, Programm und Methode), englische Übersetzung. Die »Militärdoktrin« wird in Kapitel 8, Abschnitt 4 ausgeführt (*The Military Theory of the Global Islamic Resistance Call*).

7 Soziologisch unterscheidet man in Frankreich zwischen »praktizierend«, »gläubig« und »muslimischer Herkunft«: Die erste Gruppe ist seit 2001 von 36 % auf 42 % gestiegen (Michel Gurfinkiel, »After Paris, are French Security sources up to the task?«, *Middle East Forum* 19. November 2015, www.meforom.org).

8 Predigt des Imams der Aïcha-Moschee von Montpellier, M. Mohamed Khattabi, von Freitag, 13. November: Er erklärt eloquent, dass die Gesetze, Gebräuche und Gewohnheiten des Westens »nach und nach die Glieder des schlafenden muslimischen Riesen amputieren« (Video auf Arabisch, englische Übersetzung, www.memritv.org).

9 Zu sehen auf www.jihadology.net (regelmäßige Aktualisierung der Videos).

10 Siehe die Angaben auf www.trackingterrorism.org

11 *Dâr al-Islâm* 7, 30. November 2015, S. 12–17.

12 *Dâr al-Islâm*, op. cit., S. 18. »Kanzel« hat hier die analoge Bedeutung »Predigt«.

13 Der Gipfel des Islams Jihad (»Kein Aufschub« ist der Name des Videos), 24. November 2015, https://archive.org/download/NoRespite/NoRespiteDE.mp4.

14 »The Media War upon the Islamic State. The media techniques of misleading the masses«, *Ansar al-Khilafah*, 2. Dezember 2015, www.archive.org.

15 Titel des grundlegenden Werks von Patricia Crone, *God's Rule, Government and Islam,* op. cit.

16 Siehe Kapitel IV.

17 Raniah Salloum, »So funktioniert der ›Islamische Staat‹«, *Spiegel Online*, 20. Januar 2016, www.spiegel.de.